Gary

LES LANGAGES DE L'AMOUR

Traduit de l'anglais par Antoine Doriath

farel
EDITIONS

Publié aux États-Unis par Northfield Publishing, sous le titre *The Five Love Languages*.

Réimpression : mars 2023

Couverture : Jacques Maré – IOTA Création
Mise en pages : Éditions Farel

Impression : Présence graphique, 37260 Monts, France
Dépôt légal : mai 2015 – ISBN : 978-2-86314-452-7

PREMIÈRE PARTIE

LE BESOIN D'AMOUR

Chapitre 1

Que devient l'amour après le mariage ?

À dix mille mètres d'altitude, au bout d'une demi-heure de vol, mon voisin rangea sa revue dans la poche du siège devant lui, se tourna vers moi et me demanda :

— Quel genre de travail faites-vous?

— Je suis conseiller conjugal et j'organise des séminaires pour améliorer la situation des mariages, répondis-je de manière très naturelle.

— Il y a longtemps que je désire interroger quelqu'un à ce sujet. Que devient l'amour après la cérémonie du mariage ?

Abandonnant tout espoir de faire un petit somme, je questionnai mon compagnon de voyage :

— Que voulez-vous dire ?

— J'ai vécu trois mariages ; chaque fois, c'était merveilleux avant les noces, mais après, j'ai dû déchanter.

Tout l'amour que je croyais avoir pour elle et tout l'amour qu'elle semblait me porter se sont estompés. Je ne suis pas bête ; je dirige une affaire florissante, mais je ne comprends pas.

— Combien de temps avez-vous été marié ?

— La première union a tenu dix ans, la seconde, juste trois ans, et la troisième presque six ans.

— Votre amour s'est-il dissipé aussitôt après les noces, ou de manière graduelle ?

— Le deuxième mariage a fait naufrage dès le début. Je ne sais pas ce qui s'est passé. Je croyais sincèrement que nous nous aimions, mais notre lune de miel a été une catastrophe, et nous n'avons jamais réussi à recoller les morceaux de notre rêve brisé. Nous n'étions ensemble que depuis six mois. Nous étions entichés l'un de l'autre. C'était vraiment un amour fou. Mais le mariage a rapidement dégénéré en disputes incessantes.

Quant à mon premier mariage, nous avons été heureux pendant trois ou quatre ans avant la naissance de notre premier enfant. J'ai senti par la suite que ma femme lui accordait beaucoup plus d'attention qu'à moi ; je ne comptais plus. C'était comme si son seul but dans la vie avait été d'avoir un enfant ; et lorsqu'il est né, elle n'a plus eu besoin de moi.

— Le lui avez-vous dit ?

— Bien sûr ! Elle m'a répondu que je divaguais. Que je ne comprenais pas le stress auquel elle était soumise en s'occupant d'un nouveau-né vingt-quatre heures sur vingt-quatre. Que je devrais me montrer plus compréhensif et l'aider davantage. J'ai sincèrement essayé, mais cela n'a rien semblé changer entre nous. Alors, nos existences ont commencé à prendre des directions opposées et au bout d'un certain temps, il n'y eut plus d'amour entre nous. L'autre nous était devenu indifférent. Nous avons donc convenu d'un commun accord de rompre.

Mon troisième mariage ? Je pensais vraiment que ce serait différent. Cela faisait trois ans que mon divorce était prononcé. Nous nous sommes fréquentés pendant deux ans. Honnêtement, j'étais persuadé que chacun de nous savait ce qu'il faisait. Je me disais même que pour la première fois peut-être, j'avais découvert ce que signifiait aimer quelqu'un. Je sentais vraiment qu'elle m'aimait.

Je ne pense pas avoir changé après m'être marié. J'ai continué à lui témoigner le même amour qu'avant. Je ne manquais pas une occasion de lui dire combien elle était ravissante. Combien je l'aimais. Combien j'étais fier d'être son mari. Mais après quelques mois de vie conjugale, elle commença à se plaindre, d'abord pour des peccadilles ; elle me reprochait par exemple de n'avoir pas sorti la poubelle, ou de n'avoir pas suspendu mes vêtements. Un peu plus tard, elle s'en prit à mon caractère, déclarant qu'elle ne pensait pas pouvoir me faire confiance, m'accusant même de ne pas lui être fidèle. Elle devint totalement négative, alors qu'avant notre mariage, elle était l'une des personnes les plus positives que j'aie jamais rencontrées ; c'est d'ailleurs ce qui m'avait beaucoup attiré en elle. Elle ne râlait jamais, et était en admiration devant tout ce que j'entreprenais. Une fois mariés, ce fut comme si je ne savais plus rien faire de bon. Sincèrement, je ne sais pas ce qui s'est passé. Petit à petit, j'ai cessé de l'aimer et ai même commencé à éprouver du ressentiment envers elle. De toute évidence, elle ne m'aimait pas. Nous avons décidé tous les deux que cela n'avait plus de sens de vivre ensemble, et nous nous sommes séparés.

Les faits remontent à un an. C'est pourquoi je réitère ma question : que devient l'amour après la cérémonie du mariage ? Mon expérience est-elle partagée par d'autres ? Pourquoi tant de couples divorcent dans notre pays ? Je n'en reviens pas d'avoir vécu la séparation trois fois ! Et ceux qui ne divorcent pas, apprennent-ils à s'accommoder de la médiocrité, du néant ? L'amour parvient-il à rester vif et ardent dans certains mariages ? Si oui, comment ?

Les interrogations de ce passager du siège 5A faisaient échos aux questions formulées aujourd'hui par des milliers de personnes divorcées, séparées ou connaissant un mariage difficile. Certaines s'adressent à des amis, d'autres vont trouver des conseillers conjugaux ou des hommes d'église, d'autres encore se les posent seulement en leur for intérieur. Les réponses sont parfois empêtrées dans un jargon psychologique presque incompréhensible, ou des plaisanteries et formules lapidaires contenant certes quelque vérité, mais n'ayant pas plus d'effet qu'une aspirine donnée à un cancéreux.

Le désir de connaître l'amour romantique dans le mariage est profondément ancré dans notre nature psychologique. Il n'existe pratiquement pas une seule revue grand public qui ne comporte un article sur la manière de stimuler l'amour dans le couple. Les livres sur ce sujet abondent. Que d'émissions de radio et de télé consacrées à cette question ! Sauver l'amour dans le couple est une affaire sérieuse.

Compte tenu du nombre de livres et de revues spécialisées, et de l'aide pratique offerte, comment se fait-il que si peu de couples trouvent le secret pour conserver leur amour vivace après le mariage ? Ainsi, deux conjoints participent à des ateliers sur la communication, y écoutent de formidables idées sur la manière d'enrichir la communication et une fois rentrés chez eux, se révèlent totalement incapables d'appliquer les modèles qui leur ont été présentés. Ou ils lisent un article sur les « 101 manières d'exprimer l'amour à son partenaire », en sélectionnent deux ou trois semblant particulièrement intéressantes, ils les mettent en pratique… et leur conjoint ne se rend même pas compte de leur effort ! Ils renoncent donc aux 98 autres suggestions et reprennent le cours normal de leur vie.

Les ouvrages et les articles déjà publiés ne sont pas inutiles, mais notre approche sera différente, car, semble-t-il, une vérité primordiale a été négligée : les gens parlent différents langages d'amour.

Il existe des groupes linguistiques principaux : le russe, le chinois, l'espagnol, l'anglais, le grec, l'allemand, le français, etc. Nous avons, pour la plupart d'entre nous, grandi en apprenant la langue de nos parents et de nos proches ; elle est devenue notre langue maternelle, ou première langue. Plus tard, il se peut que nous ayons appris d'autres langues, moyennant plus d'efforts. Ce sont des langues secondaires. Mais nous comprenons et parlons mieux notre langue natale. C'est dans celle-ci que nous nous sentons le plus à l'aise. Plus nous utilisons une langue secondaire, plus nous avons de la facilité à nous exprimer dans cette langue. Si nous ne parlons que notre langue maternelle et que nous rencontrons une personne qui ne s'exprime que dans sa langue natale, différente de la nôtre, notre communication sera très limitée. Nous devrons faire appel aux gestes, aux bruits, aux dessins, à la matérialisation de nos idées. Nous pourrons certes communiquer, mais de façon gauche et imparfaite. Les différences linguistiques font partie intégrante de la culture humaine. Si nous voulons communiquer efficacement avec des personnes d'autres cultures, nous devons apprendre leur langue.

Il en va de même dans le domaine de l'amour. Votre langage d'amour et celui de votre conjoint peuvent être aussi différents que le chinois l'est du français. Vous avez beau essayer d'exprimer votre amour en français, si votre conjoint ne comprend que le chinois, vous ne saurez jamais que vous vous aimez. L'ami rencontré dans l'avion utilisait notamment le langage des compliments avec sa troisième femme : « Je ne manquais pas une occasion de lui dire combien elle était ravissante. Combien je l'aimais. Combien j'étais fier d'être son mari. » Il exprimait son amour, et sincèrement à mon avis. Mais elle ne comprenait pas ce langage. Peut-être recherchait-elle de l'amour dans ses gestes et n'en trouvait-elle pas. La sincérité ne suffit pas. Si nous voulons être de bons communicateurs en amour, nous devons être prêts à apprendre le langage affectif fondamental de notre conjoint.

Après vingt ans d'expérience de conseil conjugal, je suis arrivé à la conclusion qu'il existe cinq moyens principaux pour exprimer l'amour, cinq langues sentimentales que parlent et comprennent les êtres humains. Sur le plan linguistique, une langue peut comporter plusieurs dialectes. Il en est de même pour les cinq langages sentimentaux de base. Lorsque des revues titrent « 10 façons de faire comprendre à votre conjoint que vous l'aimez », ou « 20 moyens de garder votre mari à la maison », ou encore « Les 365 expressions de l'amour conjugal », cela ne signifie pas qu'il existe 10, 20 ou 365 façons essentielles d'exprimer l'amour sentimental. Selon moi, il n'y en a que cinq. Mais il existe de nombreux dialectes. À l'intérieur d'une langue, le nombre de façons d'exprimer l'amour n'est limité que par notre manque d'imagination. L'important est de parler la langue sentimentale que comprend le conjoint.

Nous savons depuis longtemps que la structure émotionnelle de la personne se développe dans la prime enfance. Des enfants cultivent un sentiment de mésestime personnelle, alors que d'autres ont au contraire une saine image d'eux-mêmes. Certains vivent avec un sentiment d'insécurité, alors que d'autres ont de l'assurance. Nombre d'enfants grandissent en se sentant aimés, désirés et appréciés, et d'autres, en ne goûtant rien de tout cela.

Les enfants qui ressentent l'amour de leurs parents et de leurs semblables apprendront comme première langue sentimentale celle qui résulte de leur structure psychologique propre, mais aussi de la façon dont leurs parents et les personnes importantes de leur vie leur auront exprimé leur amour. Ils parleront et comprendront cette langue sentimentale. Plus tard, ils pourront en apprendre une deuxième, mais ils seront toujours plus à l'aise avec la première. Les enfants qui ne se sentent pas entourés de l'affection de leurs parents et de leurs proches apprendront eux aussi une première langue sentimentale, mais ils la connaîtront mal, comme des écoliers qui refusent d'appliquer les règles grammaticales ou qui ne font pas d'efforts pour enrichir leur vocabulaire. Ces bases insuffisantes ne les empêcheront pas de devenir de bons communicateurs. Mais pour y parvenir, ils devront travailler davantage que ceux qui ont déjà un acquis de base plus positif. De même, des enfants qui ont grandi dans un milieu où l'amour était « sous-développé » pourront néanmoins arriver à se sentir aimés et à communiquer leur amour, mais cela leur demandera plus d'efforts et plus de zèle que s'ils avaient évolué dans une ambiance saine et aimante.

Il est rare que mari et femme aient appris la même première langue sentimentale. Nous avons tendance à nous exprimer dans celle qui nous est familière depuis notre enfance, et nous sommes désemparés lorsque notre conjoint ne comprend pas ce que nous communiquons. Nous parlons d'amour, mais le message ne passe pas car pour notre partenaire nous nous exprimons dans une langue inconnue. Là réside le problème essentiel. C'est pourquoi j'ai osé écrire un livre de plus sur le sujet de l'amour.

Lorsque nous aurons découvert les cinq langages sentimentaux de base, que nous aurons discerné celui qui correspond à notre première langue, que nous aurons identifié le langage sentimental de notre conjoint, et appris à le parler, je pense que nous aurons trouvé la clé d'un mariage d'amour durable. Aucune fatalité n'exige que l'amour s'estompe après le mariage, mais pour le maintenir en vie, nous devons tous faire l'effort d'apprendre une deuxième langue sentimentale. Nous ne pouvons compter sur notre langue natale si notre conjoint ne la comprend pas. Si nous voulons qu'il ou elle sente l'amour que nous essayons de lui communiquer, nous devons l'exprimer dans sa première à lui (ou elle).

Chapitre 2

Se sentir aimé !

Le mot « amour » est un terme incontournable de la langue française, et en même temps des plus ambigus.

Les penseurs s'accordent à dire que l'amour joue un rôle primordial dans la vie. On nous dit que « l'amour a toujours été la plus grande des affaires, ou plutôt la seule » (Stendhal), que « l'amour triomphe de tout » (Virgile), que c'est lui qui fait marcher les hommes. Des milliers de livres, de chansons, de revues et de films usent et abusent de ce mot. De nombreux systèmes philosophiques et théologiques font la part belle à l'amour. Et le fondateur du christianisme a voulu que l'amour soit le signe distinctif de ses disciples[1].

1. Voir la Bible, Évangile de Jean 13.35.

Les psychologues en ont déduit que le besoin de se sentir aimé est pour l'homme un besoin affectif fondamental. Par amour, nous escaladons des montagnes, franchissons des mers, traversons des déserts de sable et endurons les pires privations. Sans amour, les montagnes deviennent insurmontables, les mers et les déserts infranchissables, et les tribulations un fardeau insupportable. Paul, l'apôtre des païens, a sublimé l'amour en déclarant que les plus belles œuvres et les plus grands sacrifices accomplis par les hommes sont en fait réduits à néant s'ils n'émanent pas de l'amour. Il conclut que les trois vertus qui survivront à la dernière scène du drame humain sont « la foi, l'espérance et l'amour ; mais la plus grande, c'est l'amour »[2].

Si nous reconnaissons sans peine que le mot « amour » a toujours été un maître-mot dans toutes les couches de la société, autrefois comme aujourd'hui, nous devons également reconnaître qu'il a de multiples significations. Nous l'utilisons de mille manières différentes. Nous disons facilement « J'aime les frites », et dans le même souffle « J'aime ma mère ». Nous déclarons aimer certaines activités : la natation, le ski, la chasse. Nous aimons des choses : la nourriture, les voitures, notre maison. Nous aimons des animaux : chiens, chats, canaris. Nous aimons la nature : arbres, herbe, fleurs, neige. Nous aimons des gens : mère, père, fils, fille, parents, épouse, mari, amis. Nous aimons même l'amour.

2. La Bible, 1re Épître aux Corinthiens 13.13.

Et si ce n'était pas déjà assez compliqué, nous utilisons encore l'amour pour justifier nos comportements : « Je l'ai fait parce que je l'aime. » Voilà l'explication qu'on donne à toutes sortes d'actions. Un homme s'engage dans une relation adultère qu'il nomme amour. Le prédicateur, quant à lui, la dénonce comme péché. La femme d'un alcoolique ramasse les débris de ce que son mari vient de casser au cours de sa dernière crise. Elle le fait par amour ; mais pour le psychologue, c'est de la codépendance. Le parent cède aux désirs de l'enfant, par amour selon lui ; le conseiller familial qualifierait ce choix de faiblesse ou d'éducation irresponsable. Qu'est-ce qu'un comportement dicté par l'amour ?

Le but de ce livre n'est pas de dissiper toute la confusion qui entoure le mot « amour », mais d'attirer l'attention sur le genre d'amour qui est essentiel à notre santé émotionnelle. Les pédopsychiatres affirment que tout enfant a certains besoins affectifs fondamentaux qui doivent être satisfaits pour qu'il devienne une personne émotionnellement stable. Parmi ces besoins, aucun n'est aussi vital que l'amour et l'affection, c'est-à-dire la certitude de savoir qu'il appartient à quelqu'un et qu'il est désiré. Si l'enfant est entouré de suffisamment d'affection, il deviendra un adulte responsable. Sans cet amour, il sera handicapé sur le plan de l'affectivité et de la sociabilité.

J'ai beaucoup apprécié la métaphore utilisée par le Dr Ross Campbell, un psychiatre spécialisé dans le traitement des enfants et des adolescents :

Dans chaque enfant se trouve un « réservoir émotionnel » qui ne demande qu'à être rempli d'amour. Quand l'enfant se sent aimé, il se développe normalement, mais quand son réservoir d'amour est vide, il connaît par la suite des problèmes comportementaux. La plupart du temps, les écarts de conduite de l'enfant s'expliquent par son obsession à vouloir soutirer de l'affection d'un réservoir qui reste obstinément vide.

En l'écoutant, je me remémorai les centaines de parents qui étaient venus me parler des méfaits de leur progéniture. Je ne m'étais jamais jusqu'alors représenté un réservoir vide à l'intérieur de ces enfants, mais j'en ai constaté les résultats. Leur inconduite révélait leur quête désordonnée d'un amour qu'ils ne pouvaient puiser dans leur réservoir. Ils cherchaient l'affection aux mauvais endroits et en usant des plus mauvais moyens.

Je me souviens de Julie, une adolescente de treize ans, traitée pour une maladie sexuellement transmissible. Ses parents étaient effondrés. Ils étaient en colère contre elle, mais ils en voulaient également à l'école qu'ils accusaient de lui avoir parlé de sexualité. Pourquoi Julie avait-elle fait cela ? me demandèrent-ils.

Au cours de mes entretiens avec elle, Julie me raconta que ses parents avaient divorcé lorsqu'elle avait six ans.

— Je pensais que mon père était parti parce qu'il ne m'aimait pas, me dit-elle. Quand ma mère s'est remariée l'année de mes dix ans, j'ai senti qu'elle avait trouvé quelqu'un qui l'aimait, mais moi, je n'avais toujours personne pour m'aimer. J'avais pourtant tellement envie

> d'être cajolée ! J'ai rencontré ce garçon à l'école. Il était plus âgé que moi, mais il me témoignait de l'affection. Je ne pouvais presque pas y croire. Il était gentil avec moi, et j'ai vraiment senti qu'il m'aimait. Je ne cherchais pas à avoir de relation sexuelle, j'aspirais juste à être aimée.

Le « réservoir d'amour » de Julie était vide depuis de nombreuses années. Sa mère et son beau-père veillaient à ce que ses besoins matériels soient comblés, mais ils ne se rendaient pas compte des luttes émotionnelles qui faisaient rage en elle. Ils l'aimaient certainement, et pensaient sans doute qu'elle ressentait leur affection. Mais il était presque trop tard quand ils découvrirent qu'ils ne parlaient pas le même langage sentimental que la jeune fille.

Le besoin affectif n'est pas un phénomène propre à l'enfance. Il nous suit dans l'âge adulte, y compris dans le mariage. Le fait de *tomber amoureux* répond temporairement à ce besoin, mais il n'offre qu'une solution provisoire car il a une durée de vie limitée et prévisible. Une fois que s'estompe l'obsession amoureuse, le besoin émotionnel d'amour refait surface parce qu'il est profondément inscrit dans notre nature. Nous avons eu besoin d'amour avant de tomber amoureux et nous en aurons besoin aussi longtemps que nous vivrons.

Le besoin de se sentir aimé de son conjoint est au centre des désirs conjugaux. Un homme me confia récemment : « À quoi bon avoir une belle maison, plusieurs voitures, une place enviable au soleil, et tout le reste, si votre femme ne vous aime pas ? » Voyez-vous ce qu'il cherchait à me faire comprendre ? « Plus que toute autre chose, je voudrais être aimé de ma femme. » Les biens matériels ne remplaceront jamais l'amour humain. Une femme me dit un jour : « Il m'ignore toute la journée, et quand vient l'heure de se coucher, il se rue sur moi. J'ai horreur de cela. » Cette femme n'avait pas d'aversion pour les rapports sexuels, mais elle réclamait désespérément l'amour sentimental.

Quelque chose en nous crie notre besoin d'être aimé de quelqu'un. La solitude peut causer de terribles ravages dans l'âme humaine. C'est pourquoi la détention en réclusion stricte peut être considérée comme la pire des sanctions. Au cœur de tout être humain se trouve le désir d'aimer intimement et d'être aimé. Le mariage répond à ce besoin d'intimité et d'amour. Voilà pourquoi le récit biblique des origines déclare que l'homme et la femme deviendront « une seule chair ». Cette unité ne signifie pas que les individus perdent leur identité propre, mais qu'ils pénètrent chacun dans l'intimité de l'autre de façon profonde et intense. De Platon à nos jours, les écrivains ont insisté sur la primauté de l'amour dans le mariage.

Mais si l'amour est essentiel, il est également insaisissable. J'ai écouté de nombreux couples me faire part de leurs peines secrètes. Certaines personnes sont venues me voir parce que leur douleur intérieure était devenue insupportable. D'autres, parce qu'elles se rendaient compte que leur comportement ou celui de leur conjoint détruisait leur union. D'autres encore, simplement pour m'informer qu'elles voulaient mettre fin à leur mariage. Leur rêve « de vivre heureux jusqu'à la mort » s'était brisé devant les dures réalités de la vie. Que de fois j'ai entendu ces paroles : « Notre amour a disparu, notre relation est morte. Autrefois, nous nous sentions proches l'un de l'autre, mais plus aujourd'hui. Nous ne tirons plus aucun plaisir des moments passés ensemble. Nous ne satisfaisons plus nos besoins mutuels. » Ces récits témoignent qu'à l'instar des enfants, les adultes aussi ont des « réservoirs d'amour ».

Se pourrait-il qu'au plus profond des conjoints meurtris, il y ait un « réservoir émotionnel affectif » invisible dont la jauge indique « vide » ? Pourrions-nous attribuer ce mauvais comportement, cette fuite, ces paroles dures, cet esprit critique au fait que le réservoir est vide ? Si nous trouvions le moyen de le remplir à nouveau, le mariage pourrait-il revivre ? Leurs réservoirs pleins, les conjoints seraient-ils à même de créer un climat émotionnel qui leur permettrait de discuter de leurs différences et de résoudre les conflits ? L'état de ce réservoir serait-il la clé de la santé du mariage ?

Ces questions m'ont amené plus loin. Tout au long du chemin parcouru, j'ai découvert les réflexions simples mais utiles contenues dans ce livre. Outre l'expérience accumulée au cours de vingt années de conseil conjugal, j'ai eu l'occasion de parler cœur à cœur avec des centaines de couples. Des gens m'ont ouvert la chambre secrète de leur intimité conjugale, et nous avons discuté librement. Les exemples qui émaillent cet ouvrage sont tirés de situations réelles. Seuls les noms et les lieux ont été changés pour préserver l'anonymat des intéressés.

Je suis convaincu qu'il est aussi important pour un mariage de maintenir plein le réservoir émotionnel que pour un automobiliste de veiller au niveau d'huile de son moteur. Vouloir faire marcher son couple avec un réservoir vide peut coûter plus cher que de rouler dans une voiture sans huile ! Ce que vous allez lire pourrait sauver nombre d'unions et améliorer le climat émotionnel d'un bon mariage. Quelle que soit la qualité du vôtre, elle peut être encore enrichie.

Avertissement : La connaissance des cinq principaux langages d'amour et l'apprentissage de celui qui est familier à votre conjoint peut affecter radicalement le comportement de ce dernier. Les gens ont une autre attitude lorsque leurs réservoirs sont pleins d'amour.

Mais avant de passer en revue ces cinq langages, nous devons encore nous arrêter sur un phénomène important et déroutant : l'expérience euphorique du coup de foudre.

Chapitre 3

Le coup de foudre

Elle se présenta à mon bureau sans rendez-vous et demanda à ma secrétaire si je pouvais la recevoir juste cinq minutes. Je connaissais Myriam depuis dix-huit ans. Elle en avait maintenant trente-six et ne s'était jamais mariée. Elle avait fréquenté plusieurs hommes durant des années. Ses relations avaient duré six ans, trois ans et quelques-unes furent bien plus courtes. De temps en temps, elle venait me voir pour discuter d'une difficulté particulière rencontrée dans l'une ou l'autre de ses relations. De nature, elle était disciplinée, consciencieuse, organisée, réfléchie et attentive à autrui. Il était tout à fait inhabituel de sa part de venir me trouver sans s'être annoncée. *Myriam doit traverser une crise terrible pour venir ainsi sans rendez-vous.* Je demandai à ma secrétaire de la laisser entrer, m'attendant à la voir paraître en larmes et me raconter un drame poignant dès que la porte se serait refermée derrière elle. Au contraire, elle jaillit dans mon bureau, le visage rayonnant.

— Comment allez-vous aujourd'hui, Myriam ?

— Merveilleusement bien ! Je n'ai jamais été aussi heureuse de ma vie. Je vais me marier !

— Vraiment ?

J'avais du mal à dissimuler ma surprise.

— Avec qui ? Et quand ?

— Avec David Ferrat, en septembre.

— C'est formidable ! Depuis combien de temps sortez-vous ensemble ?

— Depuis trois semaines. Je sais que cela peut paraître fou, M. Chapman, après tous ces hommes que j'ai connus et après avoir été plusieurs fois si près du mariage. J'ai même du mal à le croire, mais je sais que David est l'homme qu'il me faut. Dès le premier rendez-vous, nous l'avons su. Bien sûr, nous ne nous le sommes pas avoué dès notre première soirée, mais une semaine plus tard, il m'a demandée en mariage. Je savais qu'il ferait la démarche, et je savais aussi que je répondrais oui. Je n'avais jamais ressenti les choses de cette manière les fois précédentes. Je vous ai tout raconté de mes relations amoureuses passées et vous savez combien ça n'a jamais été simple ! À chaque fois, quelque chose n'allait pas. Je n'avais jamais connu la paix intérieure quand nous abordions le sujet du mariage auparavant, mais je sais que David est l'homme de ma vie.

Myriam se balançait sur sa chaise, riant nerveusement ; elle répéta :

— Je sais que c'est insensé, mais je suis tellement heureuse ! Je n'ai jamais connu un tel bonheur de ma vie !

Qu'est-il arrivé à Myriam ? Elle est tombée amoureuse. Dans son esprit, David est l'homme le plus merveilleux qu'elle ait jamais rencontré. Il est parfait à tout point de vue. Il sera le mari idéal. Elle pense à lui jour et nuit. Le fait que David ait déjà été marié deux fois, qu'il ait trois enfants et qu'il ait changé trois fois d'emploi au cours de l'année précédente, tout cela est sans importance pour Myriam. Elle est heureuse et persuadée qu'elle le sera toujours avec David. En un mot, elle est amoureuse.

Nous parvenons généralement au mariage parce que nous sommes tombés amoureux. Nous avons rencontré quelqu'un dont le physique et la personnalité provoquent en nous une onde électrique qui a déclenché notre système amoureux. Le mécanisme se met en marche. Nous cherchons à mieux connaître la personne en question. Le premier pas consistera peut-être à partager une pizza ou un canard laqué, selon notre budget, mais la nourriture n'a que peu d'importance dans cette phase d'approche. Nous sommes en quête d'amour. *Se pourrait-il que ce sentiment étrange, qui me fait chaud au cœur, soit justement l'amour ?*

Il arrive que nous soyons refroidis dès le premier rendez-vous. Nous nous rendons compte que la jeune femme se drogue par exemple, et l'attirance qu'elle exerçait sur nous disparaît tout d'un seul coup. Plus aucune envie de partager une crêpe avec elle. Dans d'autres cas, l'émoi est plus fort après un repas commun qu'avant. Nous proposons de renouveler l'expérience et de se revoir ; en peu de temps, l'attrait de cette personne est devenu si puissant que nous nous disons : « Je crois que je suis tombé amoureux. » Nous finissons par être convaincus que c'est l'amour qui brûle en nous ; nous le déclarons à celle qui fait battre ainsi notre cœur en espérant qu'elle éprouve les mêmes sentiments envers nous. Si ce n'est pas le cas, ou bien les relations se distendent, ou bien nous redoublons d'efforts pour forcer le destin et gagner l'amour de l'aimé(e). Lorsque les sentiments d'amour sont réciproques, beaucoup de couples vont commencer à parler mariage, car chacun s'accorde à dire que le fait d'être amoureux constitue la base nécessaire à une union durable.

À son apogée, l'expérience du coup de foudre est euphorique. Chacun est obsédé par l'autre. Nous nous endormons en pensant à lui ou elle. Au réveil, notre première pensée lui revient. Nous aspirons à nous retrouver. Passer du temps ensemble, c'est déjà être au paradis. Quand nous nous prenons par la main, nous avons l'impression que le même sang circule dans nos veines. S'il n'y avait pas les cours ou le travail, nos baisers s'éterniseraient. Nos enlacements stimulent les rêves de mariage et de bonheur éternel.

L'amoureux vit dans l'illusion que sa bien-aimée est parfaite. Sa mère peut voir les défauts de la jeune fille, mais pas lui. Elle le rend attentif : « Mon chéri, as-tu tenu compte du fait qu'elle a été sous traitement psychiatrique pendant cinq ans ? » Ce à quoi le fils répond : « Maman, laisse-moi tranquille avec tes histoires ! Cela fait trois mois maintenant qu'elle est tirée d'affaire ! » Ses amis également sont conscients des défauts de sa belle, mais ils ne lui en parlent pas à moins qu'il ne les interroge à ce sujet ; et il n'y a aucune raison qu'il le fasse puisqu'à ses yeux, elle est parfaite. Ce que son entourage peut penser lui est bien égal.

Avant le mariage, nous ne rêvons que de bonheur conjugal : « Nous nous rendrons heureux mutuellement. Si d'autres couples se déchirent et se battent, ce ne sera certainement pas notre cas. Nous nous aimons trop pour cela. » Bien sûr, nous ne sommes tout de même pas complètement naïfs. Nous savons – en théorie – que nous aurons des points de vue divergents et que nous connaîtrons des tensions. Mais nous sommes certains que nous pourrons en discuter ouvertement et calmement, qu'un des deux sera toujours prêt à faire des concessions, et que nous tomberons d'accord. Il est difficile d'imaginer autre chose quand on est amoureux.

Nous en arrivons à croire que c'est pour la vie, que nous connaîtrons toujours ce merveilleux sentiment qui nous habite maintenant. Aucun obstacle ne viendra jamais se mettre entre nous. Rien ne pourra altérer l'amour que nous nous portons. Nous sommes aveuglés, « ensorcelés » par la personnalité de l'aimé(e). Notre amour mutuel est la plus belle expérience que nous ayons jamais faite. Nous constatons que certains couples semblent avoir perdu cet amour, mais cela ne nous arrivera jamais. « Peut-être n'ont-ils pas vécu ce *grand amour* comme nous. »

Malheureusement, l'éternité du sentiment amoureux est une fiction, et non une réalité.

Le Dr Dorothy Tennov, psychologue, a procédé à des investigations poussées sur ce sentiment. Après avoir rencontré de très nombreux couples, elle a conclu que la durée de vie moyenne du coup de foudre est de deux ans. Dans certains cas, il dure un peu plus longtemps. Mais nous finissons toujours par redescendre de notre nuage et posons les pieds sur terre. Nos yeux s'ouvrent et nous voyons les imperfections de l'autre. Nous finissons par admettre que certains de ses traits de caractère sont irritants, certaines de ses habitudes lassantes. Le conjoint est capable de nous blesser, de se mettre en colère, de prononcer des paroles dures et d'émettre des jugements critiques. Ces défauts qui paraissaient insignifiants quand nous étions amoureux deviennent des montagnes. Les avertissements maternels ou amicaux nous reviennent à l'esprit, et nous nous surprenons à penser : « *Comment ai-je pu être si stupide?* »

Bienvenue dans le monde réel du mariage, où il y a toujours des cheveux dans le lavabo et des éclaboussures sur le miroir, où l'on discute âprement de la marque du papier toilette, où on se demande si le couvercle des W.-C. doit être levé ou abaissé. C'est un monde dans lequel les chaussures ne sautent pas toutes seules dans le meuble qui leur est réservé, les tiroirs ne se referment pas automatiquement, les manteaux n'aiment pas les cintres, les chaussettes s'égarent sous le lit au lieu d'aller dans la corbeille à linge sale. Dans ce monde, un regard peut blesser et une parole anéantir. Les amoureux fous d'autrefois deviennent des adversaires, et le mariage un champ de bataille.

Qu'est-il arrivé au sentiment amoureux ? Hélas, il n'était qu'une illusion qui nous a poussés à signer au bas d'un document officiel pour le meilleur et pour le pire. Il n'est pas étonnant que plusieurs en viennent à maudire le mariage et le conjoint qu'ils ont follement aimé un jour. Après tout, si nous avons été trompés, nous avons bien le droit de nous mettre en colère. Avions-nous vraiment décroché « le gros lot » ? Je continue de penser que oui. Le problème réside dans une mauvaise information.

Il s'agit de l'idée que l'amour romantique durerait éternellement. Nous aurions dû être mieux informés. Le simple bon sens aurait dû nous dire que si tout le monde restait follement amoureux, nous serions tous dans de beaux draps ! La vague amoureuse aurait tout balayé sur son passage, le travail, les affaires, nos engagements divers et variés, l'éducation et le reste de la société. Pourquoi ? Parce que ceux qui sont passionnément amoureux n'ont plus aucun intérêt pour tout ce qui les entoure. C'est pourquoi nous pouvons assimiler ce sentiment à une obsession. L'étudiant qui tombe soudainement amoureux voit ses notes dégringoler. Il est difficile d'étudier quand on est amoureux. Demain, vous serez interrogé sur la Révolution de 1789, mais quelle importance cela peut-il bien avoir ? Si vous êtes amoureux, tout le reste passe au second plan.

Un homme me dit un jour :

— M. Chapman, rien ne va plus à mon travail.

— Que voulez-vous dire ? demandai-je.

— J'ai rencontré cette fille, je suis tombé amoureux d'elle, et je n'arrive plus à me concentrer sur mon travail. Je passe mes journées à rêver d'elle.

L'euphorie du coup de foudre donne l'impression illusoire d'une relation étroite. Nous avons la sensation que nous nous appartenons. Nous croyons pouvoir résoudre tous les problèmes. Chacun est extrêmement généreux pour l'autre. Un jeune homme déclara à propos de sa fiancée : « Je ne peux imaginer faire quoi que ce soit qui la blesse. Mon seul désir est de la rendre heureuse. Je ferai tout pour son bonheur. » L'obsession amoureuse nous donne le sentiment faux que tout égocentrisme a été éradiqué en nous, que nous sommes devenus une sorte de Mère Teresa, prêts à tout sacrifier au profit de l'être aimé. La raison qui nous pousse à le faire si librement, c'est que nous imaginons l'autre animé des mêmes dispositions envers nous. Le jeune homme pense par exemple que la jeune fille est sincèrement désireuse de répondre à ses besoins, qu'elle l'aime autant qu'il l'aime, et ne ferait rien qui puisse lui nuire.

Ce raisonnement est purement imaginaire. Ce n'est pas faute d'être sincère dans ce que nous pensons et ressentons, mais nous ne sommes pas réalistes. Nous omettons de tenir compte de la nature humaine ordinaire. Par nature, nous sommes égocentriques. Tout tourne autour de nous. Aucun de nous n'est parfaitement altruiste. L'euphorie du sentiment amoureux ne nous donne que l'illusion de l'être.

Une fois que ce sentiment a épuisé sa durée de vie naturelle (généralement deux ans), nous réintégrons le monde de la réalité, et nous commençons à penser de nouveau à nous-même. Le mari exprime ses désirs, mais ils sont différents de ceux de sa femme. Il a envie de rapports sexuels, mais elle se sent trop fatiguée. Il souhaite acheter une nouvelle voiture, mais elle lui rétorque : « C'est insensé ! » Elle veut rendre visite à ses parents, mais il marmonne « Je n'aime pas passer autant de temps dans ta famille. » Il veut participer à un tournoi de football, mais elle réagit : « Tu préfères le foot à ta femme ! » Peu à peu, l'illusion d'intimité se dissipe pour faire place aux désirs, aux émotions, aux pensées, aux habitudes de chacun des conjoints. Ce sont deux individus en présence. Leurs façons de penser n'ont pas fusionné en une seule, et leurs sentiments n'ont coïncidé qu'un bref instant dans l'océan de l'amour. Les courants froids de la réalité commencent à les séparer. Ils ne sont plus amoureux l'un de l'autre. À ce stade, ou bien ils prennent leurs distances, se séparent, divorcent et partent en quête d'une nouvelle expérience amoureuse, ou bien ils décident d'apprendre à s'aimer sans le besoin euphorique d'« être amoureux ».

Certains chercheurs, parmi lesquels le psychiatre M. Scott Peck et la psychologue Dorothy Tennov, en ont conclu que l'obsession amoureuse n'a rien à voir avec l'amour. Le Dr Tennov a même forgé un nouveau mot anglais, *limerance*, qui évoque la glu, pour distinguer cette réalité de ce qu'elle considère être l'amour. Le Dr Peck, pour sa part, estime que le coup de foudre ne peut être rattaché à l'amour pour trois raisons[1].

- Premièrement, il ne procède pas d'une décision volontaire ni d'un choix conscient. Quels que soient les efforts déployés pour tomber amoureux, nous n'y parvenons pas. Ce sentiment s'empare de nous sans que nous l'ayons recherché. Il arrive même que nous tombions amoureux des personnes les plus « invraisemblables », aux moments les plus inattendus.
- Deuxièmement, ce n'est pas de l'amour parce qu'il ne nécessite aucun effort. Quoi que nous fassions lorsque nous sommes amoureux d'une personne, cela n'exige de notre part que peu de discipline et d'efforts conscients. La conversation téléphonique longue et coûteuse, l'argent que nous dépensons en voyages pour nous rencontrer, les cadeaux que nous nous offrons, les projets d'avenir que nous échafaudons, tout cela ne représente rien de difficile pour nous. De même que l'instinct de l'oiseau le pousse à bâtir un nid, l'instinct sous-jacent à l'obsession amoureuse nous pousse à accomplir des choses étranges et surnaturelles pour l'être « aimé ».
- Troisièmement, celui qui est amoureux n'est pas vraiment soucieux du développement personnel de l'autre. « Si nous poursuivons un objectif en tombant amoureux, c'est bien celui de mettre

1. Scott Peck, *Le chemin le moins fréquenté*, Robert Laffont, 2002.

fin à notre solitude et de garantir ce résultat par le mariage. » Celui qui tombe amoureux ne se préoccupe pas de la « croissance » de l'autre ni de la sienne propre. Ce sentiment nous donne simplement l'impression que nous sommes arrivés au but et que nous n'avons pas besoin de progresser encore. Nous sommes à l'apogée du bonheur humain, et notre seule ambition est d'y rester. L'être aimé n'a certainement pas besoin de progresser, puisqu'il est déjà parfait. Nous souhaitons simplement qu'il le reste.

Si le coup de foudre n'est pas de l'amour, qu'est-il ? Le Dr Peck le définit comme « une composante instinctuelle génétique du comportement sexuel. Autrement dit, la disparition temporaire des barrières de protection de l'ego qui fait qu'une personne tombe amoureuse est la réaction stéréotypée des êtres humains à des pulsions sexuelles internes et à des stimuli sexuels externes ; elle sert à augmenter la probabilité des relations sexuelles pour favoriser la survie des espèces »[2].

Qu'ils soient ou non d'accord avec cette conclusion, ceux d'entre nous qui sont tombés amoureux et chez qui ce sentiment a ensuite complètement disparu reconnaîtront sans peine que cette expérience les a propulsés dans une orbite émotionnelle sans pareille. Elle tend à court-circuiter nos facultés rationnelles, au point que nous nous surprenons à faire et à dire des choses que nous n'aurions jamais faites ou dites en étant en pleine possession de

2. *Ibid.*

nos moyens. D'ailleurs, quand nous revenons sur terre après notre voyage sur l'orbite de l'obsession amoureuse, nous nous demandons quelle mouche a bien pu nous piquer pour que nous fassions ceci et cela. Quand les sentiments romantiques disparaissent, comme la marée descendante, et que les conjoints se retrouvent dans le monde réel où les différences s'étalent en pleine lumière, combien se sont déjà interrogés : « Pourquoi nous sommes-nous mariés ? Nous ne sommes d'accord sur rien ! » Pourtant, lorsqu'ils étaient sur les nuages du bonheur sentimental, ils pensaient être d'accord sur tout, au moins sur les choses importantes.

Cela signifie-t-il qu'une fois pris dans les liens du mariage pour être tombés sous le charme de l'illusion amoureuse, nous n'ayons plus que deux solutions : soit vivre avec notre conjoint une vie lamentable et misérable le restant de nos jours, soit quitter la barque conjugale qui prend l'eau pour nous engager dans une nouvelle aventure sentimentale ? Notre génération penche de plus en plus pour la deuxième formule, alors que nos ancêtres choisissaient plutôt la première. Avant de justifier trop rapidement notre choix, examinons les statistiques. De nos jours, 40 % des unions en premières noces se terminent par un divorce ; ou 60 % des unions en deuxièmes noces finissent de même, et elles sont 75 % des unions en troisièmes noces à connaître le même sort. La perspective de mieux réussir son mariage la deuxième ou la troisième fois ne repose donc sur aucune preuve.

Les recherches indiquent qu'il existe une voie moyenne, bien meilleure : reconnaître le coup de foudre pour ce qu'il est – un point fort d'une expérience sentimentale temporaire – et rechercher désormais le véritable amour à l'égard de notre conjoint. Cet amour appartient lui aussi au domaine de l'émotion, mais pas à celui de l'obsession. Il associe raison et sentiments. Il implique un acte volontaire, exige de la discipline et reconnaît la nécessité du progrès personnel. Notre besoin émotionnel le plus profond n'est pas de tomber amoureux, mais d'être authentiquement aimé d'autrui, de connaître un amour qui procède à la fois de la raison et de la volonté, et non d'un instinct. J'ai besoin d'être aimé par quelqu'un qui a choisi de m'aimer, qui voit en moi une personne digne d'être aimée.

Cet amour-là fait intervenir l'effort et la discipline. C'est la décision de consacrer notre énergie au profit de l'autre, sachant que si sa vie est enrichie par nos efforts, la nôtre le sera également en retour, car nous éprouverons la satisfaction d'aimer correctement notre conjoint. L'euphorie du coup de foudre n'est plus de mise. En fait, le véritable amour ne peut se mettre en place tant que l'amour obsessionnel n'a pas disparu.

N'attachons pas trop d'importance aux actions bienveillantes et généreuses accomplies sous l'influence du coup de foudre. Car dans cet état, nous sommes mus par une force instinctuelle qui transcende notre comportement normal. Mais si, de retour dans le monde réel des choix humains, nous faisons preuve de bonté et de générosité, alors nous témoignons d'un amour réel.

Pour notre santé émotionnelle, notre besoin d'amour doit être satisfait. Les personnes mariées aspirent à goûter à l'affection et à l'amour de leur conjoint. Nous nous sentons en sécurité quand nous avons l'assurance que notre partenaire nous accepte, nous désire et veille à notre bien-être. Durant la phase du coup de foudre, nous éprouvions toutes ces sensations. Aussi longtemps qu'elles existaient nous nous croyions au ciel. Notre erreur était de penser qu'elles dureraient éternellement.

Mais cette obsession n'est pas destinée à subsister toujours. Elle ne constitue que l'introduction au livre du mariage. Le contenu principal de l'ouvrage est l'amour raisonné et volontaire. C'est à cet amour que les sages nous ont toujours appelés. Il est intentionnel.

C'est une bonne nouvelle pour les gens mariés qui ont perdu « l'amour-obsession ». Si l'amour est un choix, ils ont donc la possibilité d'aimer après la disparition du coup de foudre, une fois revenus dans le monde des réalités. Cet amour repose sur une attitude, une façon de penser. Elle consiste à dire : « Je suis marié avec toi, je décide donc de rechercher ton intérêt ». Ensuite, celui qui a raisonné ainsi trouvera la manière la plus appropriée pour traduire cette décision dans les faits.

« Cela semble bien triste, pourraient rétorquer quelques-uns. Réduire l'amour à une simple résolution ? Et la contemplation à deux des étoiles filantes ? Et les émotions profondes ? Et l'attente impatiente, le clin d'œil, l'électricité d'un baiser, l'excitation des sens ? Et la sécurité affective de savoir que j'occupe la première place dans la pensée de l'autre ? » C'est justement à tous ces aspects que ce livre s'intéresse. Il veut montrer comment répondre aux besoins mutuels d'amour profond. Si nous pouvons l'apprendre et décider de l'appliquer, l'amour unissant les conjoints dépassera même l'excitation qu'ils éprouvaient quand ils étaient entichés l'un de l'autre.

Depuis plusieurs années, je traite des cinq langages de l'amour dans mes séminaires et dans mes séances de thérapie conjugale. Des milliers de couples sont là pour attester la validité des réflexions que vous allez découvrir dans ce livre. Je reçois des piles de lettres de gens que je n'ai jamais rencontrés et qui m'écrivent par exemple : « Un ami m'a prêté un de vos CD sur les cinq langages de l'amour, et cela a révolutionné notre mariage. Pendant des années, nous avons tout essayé pour arriver à nous aimer l'un l'autre, mais nos efforts ne répondaient pas à nos besoins affectifs. Maintenant que nous parlons le langage sentimental adéquat, notre vie de couple est au beau fixe. »

Lorsque votre conjoint a son réservoir émotionnel rempli et qu'il se sent sécurisé par votre amour pour lui, il voit le monde sous un jour lumineux et s'épanouit pour donner le meilleur de lui-même. Mais si son réservoir est vide, qu'il se sent exploité plutôt qu'aimé, il verra le monde autour de lui dans une perspective sombre et n'atteindra probablement jamais son plein potentiel. Dans les cinq chapitres suivants, je vais présenter les cinq langages de l'amour, puis, au chapitre 9, montrer comment la découverte du langage d'amour familier à votre conjoint peut rendre productifs vos efforts pour l'aimer.

DEUXIÈME PARTIE

LES LANGAGES DE L'AMOUR

Chapitre 4
Les paroles valorisantes

Mark Twain dit un jour : « Un bon compliment me permet de vivre deux mois ». Si nous prenions les paroles de cet écrivain à la lettre, six compliments par an lui auraient permis de maintenir son réservoir affectif à un niveau suffisant. Il en faut probablement davantage à votre conjoint.

Une façon d'exprimer notre amour consiste à prononcer des paroles qui font du bien. Salomon, un sage d'autrefois, a écrit : « La mort et la vie sont au pouvoir de la langue. » (La Bible, Proverbes 18.21). De nombreux couples n'ont jamais découvert l'extraordinaire puissance qui réside dans les paroles bienveillantes échangées entre conjoints. « L'inquiétude dans le cœur de l'homme l'accable, mais une bonne parole le réjouit » (Proverbes 12.25), a également déclaré Salomon.

Des compliments verbaux, des mots d'appréciation sont de puissants communicateurs d'amour.

Ils s'expriment le mieux sous la forme d'affirmations simples et directes, telles que :

- Tu es ravissante dans cette robe.
- Comme tu es belle !
- Tu es certainement la meilleure spécialiste pour les crêpes. Je me régale !
- J'apprécie beaucoup que tu aies lavé la vaisselle ce soir.
- Merci d'avoir trouvé quelqu'un pour garder les enfants. Je suis très sensible à ton initiative.
- Je suis vraiment reconnaissante que tu sortes les poubelles.

Ne pensez-vous pas que si des époux entendaient plus fréquemment de tels propos, le climat sentimental s'en ressentirait ?

Il y a quelques années, j'étais assis à mon bureau, la porte ouverte. Une dame qui passait dans le couloir me demanda :

— Avez-vous une minute à me consacrer ?

— Bien sûr ! Entrez !

— M. Chapman, j'ai un problème. Je n'arrive pas à obtenir de mon mari qu'il repeigne notre chambre à coucher. Je le lui demande depuis des mois. J'ai tout essayé, mais en vain.

Je fus d'abord tenté de lui répondre : « Ma brave dame, vous n'êtes pas à la bonne adresse. Je ne dirige pas une entreprise de peinture. » Mais je me repris :

— Expliquez-vous.

— Eh bien, voici, à titre d'exemple, ce qui s'est passé samedi dernier. Vous vous souvenez sans doute que ce jour-là, il a fait exceptionnellement beau. Savez-vous ce que mon mari a trouvé le moyen de faire ? Il a passé toute sa journée à laver et à lustrer sa voiture !

— Alors, que lui avez-vous dit ?

— Je suis sortie et lui ai déclaré : « Jacques, je ne te comprends vraiment pas. Aujourd'hui aurait été une merveilleuse journée pour peindre la chambre, et tu ne trouves rien de mieux à faire que de bichonner ta voiture ! »

— A-t-il abandonné sa voiture pour peindre votre chambre à coucher ?

— Non. Elle n'est toujours pas repeinte. Je ne sais plus quoi faire.

— Me permettez-vous une question ? N'aimez-vous pas une voiture propre et reluisante ?

— Bien sûr ! Mais j'aimerais aussi que notre chambre soit remise à neuf.

— Êtes-vous certaine que votre mari soit vraiment au courant de votre désir ?

— Absolument. Cela fait neuf mois que je le harcèle.

— Permettez-moi une autre question. Arrive-t-il à votre mari de faire quelque chose de bien ?

— Quoi par exemple ?

— Sortir les poubelles, laver votre pare-brise de tous les moucherons qui se sont collés dessus, faire le plein avant que vous utilisiez la voiture, payer les factures d'électricité, suspendre son manteau au bon endroit… ?

— Oui, il veille à cela.

— Dans ces conditions, j'ai deux suggestions à vous faire. Premièrement, n'abordez plus la question de la chambre à repeindre. Je le répète : n'en parlez plus.

— Je ne vois pas en quoi cela peut changer les choses.

— Vous venez de me dire qu'il connaît votre désir de voir la chambre repeinte. Vous n'avez donc plus besoin de le lui rappeler. Il le sait déjà. Ma deuxième proposition est celle-ci : la prochaine fois que votre mari fait quelque chose de bien, exprimez verbalement votre appréciation. S'il sort la poubelle, dites-lui par exemple : « Jacques, sache que je suis sensible au fait que tu t'acquittes si régulièrement de cette tâche ». Gardez-vous de dire : « Il était temps que tu sortes les poubelles. Les mouches étaient sur le point de le faire à ta place ! » Si vous le voyez remplir le chèque pour payer la facture d'électricité, posez votre main sur son épaule et dites-lui : « Jacques, je suis vraiment heureuse que tu t'occupes de cela. J'entends dire qu'il y a des maris qui sont complètement indifférents à ces choses. J'ai vraiment de la chance ». Chaque fois qu'il fera quelque chose de bien, adressez-lui un compliment verbal.

— Je ne vois pas comment cela repeindra notre chambre à coucher.

— Vous m'avez demandé un conseil. Vous l'avez. Faites-en ce qui vous plaira.

Elle n'avait pas l'air contente en sortant. Pourtant, trois semaines plus tard, elle revint me voir. « Ça a marché ! » m'annonça-t-elle. Elle venait d'apprendre que des compliments verbaux motivent davantage que des remontrances.

Je ne veux pas dire qu'il faille flatter le conjoint pour qu'il accède à nos désirs. L'amour ne consiste pas à obtenir ce que nous souhaitons, mais à agir dans l'intérêt de celui ou celle que nous aimons. Il est cependant notoire que lorsque nous recevons des compliments, nous sommes beaucoup plus disposés à rendre la pareille.

Paroles d'encouragement

Adresser des compliments sincères à votre conjoint n'est qu'une façon de lui faire comprendre combien vous l'estimez. Ce langage a un autre dialecte, celui des paroles d'encouragement. Encourager, c'est insuffler du courage. Nous avons tous des domaines dans lesquels nous nous sentons hésitants. Nous manquons de courage, ce qui nous empêche souvent de prendre les initiatives positives qui nous tentent. Le potentiel qui sommeille chez votre conjoint dans tel ou tel domaine où il manque d'assurance, n'attend peut-être qu'une parole d'encouragement de votre part pour se réveiller.

Barbara avait toujours aimé écrire. Vers la fin de son cycle universitaire, elle suivit quelques cours de journalisme. Elle découvrit rapidement que la rédaction la passionnait beaucoup plus que l'histoire, qui était pourtant la matière principale de son cursus. Il était trop tard pour changer de voie. Néanmoins, après avoir quitté l'université et mis au monde son premier bébé, elle écrivit plusieurs articles. Elle en soumit un à une revue, mais le rejet qu'elle essuya la découragea et elle ne renouvela pas sa démarche. Quand ses enfants furent plus grands, elle put disposer de plus de temps et se mit de nouveau à écrire.

Julien, le mari de Barbara, n'avait montré que peu d'intérêt pour les écrits de sa femme pendant les premières années de leur mariage. Il s'estimait assez pris par son propre travail et son désir de grimper dans l'échelle sociale. Mais avec le temps, Julien comprit que l'essentiel dans la vie ne résidait pas dans la réussite professionnelle, mais dans les relations. Il apprit à accorder plus d'attention à sa femme et à ses centres d'intérêt. C'est donc tout naturellement qu'un soir, il prit un manuscrit de Barbara et le parcourut. Quand il eut fini, il se rendit dans le bureau de sa femme. Elle lisait. Il ne put maîtriser son enthousiasme :

— J'ai horreur de t'interrompre dans ta lecture, mais je tiens à te dire ceci. Je viens de lire ton article intitulé « Tirer le maximum de ses vacances ». Barbara, tu es un grand écrivain. Ton texte mériterait d'être publié ! Ton écriture coule admirablement. Ton style est fascinant. Il faut absolument que tu soumettes ton travail à quelques éditeurs de revues.

— Penses-tu sincèrement ce que tu dis ? demanda Barbara incrédule.

— Absolument. Je te le dis, tu as fait du bon boulot.

Lorsque Julien quitta la pièce, Barbara ne reprit pas sa lecture. Le livre fermé sur ses genoux, elle resta une demi-heure à repasser en mémoire les paroles de son mari. Elle se demandait si le regard qu'il portait sur ses écrits serait partagé par d'autres personnes. Elle se souvint de l'échec cuisant qu'elle avait connu quelques années plus tôt, mais elle se dit que désormais, elle avait changé. Elle avait fait des progrès dans l'art d'écrire. Elle avait plus d'expérience. Avant de se lever, Barbara avait pris une décision. Elle présenterait ses articles à différents périodiques et demanderait aux rédacteurs s'ils pouvaient être publiés.

Julien a prononcé ces paroles d'encouragement il y a quatorze ans. Depuis, Barbara a publié de nombreux articles. Elle a même décroché un contrat pour écrire un livre. Bien qu'excellent écrivain, il avait fallu à Barbara les mots d'encouragement de son mari pour l'inciter à renouveler sa démarche et faire publier ses écrits.

Il se peut que votre conjoint recèle des ressources inexploitées dans un ou plusieurs domaines. Il n'attend peut-être qu'un mot d'encouragement de votre part pour les mettre en valeur. Il suffirait peut-être que votre femme s'inscrive à un cours particulier pour développer ses dons. Ou bien que votre mari rencontre des gens compétents qui pourraient l'orienter dans ses démarches. Vos paroles lui communiqueraient le courage nécessaire pour faire le premier pas.

Comprenez-moi bien. Ne faites pas pression sur votre conjoint pour qu'il se lance dans ce que vous désirez. Il s'agit de l'encourager à concrétiser un désir qu'il possède déjà. Ainsi, certains hommes poussent leur femme à perdre du poids. Ils disent « je l'encourage », mais l'épouse l'interprète comme une condamnation. Ce n'est que lorsqu'elle désire vraiment perdre du poids que vous pouvez l'encourager. Tant qu'elle n'éprouve pas cette envie, vos paroles résonnent plutôt comme un jugement destiné à faire naître ou à accentuer la culpabilité. Elles expriment le rejet, et non l'amour.

Mais si votre épouse vous dit un jour : « J'aimerais bien m'inscrire à des séances d'information, qui débutent cet automne, sur la manière de perdre du poids », alors saisissez l'occasion pour renchérir. Tenez-lui par exemple ce petit discours : « Si tu décides de le faire, je suis sûr que tu réussiras. Car lorsque tu as décidé d'entreprendre quelque chose, tu vas toujours jusqu'au bout ; et c'est une qualité que j'apprécie chez toi. Si tu veux te lancer dans cette démarche, je t'épaulerai. Ne te soucie pas de ce que cela va coûter. Puisque tu y tiens, nous trouverons l'argent nécessaire. » De tels propos peuvent encourager votre femme à téléphoner sur-le-champ à l'organisme qui organise les sessions auxquelles elle veut participer.

Notre encouragement doit s'appuyer sur la sympathie et sur la vision du monde propre à notre conjoint. Nous devons d'abord découvrir ce qui compte pour lui. Moyennant cela, nous pourrons encourager. Nos paroles font passer en fait le message suivant : « Je sais. Je partage. Je suis à tes côtés. Comment puis-je t'aider ? » Nous montrons ainsi que nous croyons en l'autre et en ses possibilités. Nous témoignons notre confiance en lui et le valorisons.

Nous avons presque tous un potentiel supérieur à celui que nous exploitons. Ce qui nous retient pour faire plus et mieux, c'est souvent le manque de courage. Un conjoint prévenant et aimant peut pallier ce manque de courage et nous aider à nous lancer dans un nouveau projet, réaliser un de nos rêves. Il se peut que vous ayez du mal à prononcer des paroles encourageantes car ce n'est pas votre premier langage d'amour. Vous aurez de gros efforts à fournir pour l'apprendre. C'est d'autant plus vrai si vous êtes habitué à critiquer et à condamner, mais je peux vous garantir que le jeu en vaut la chandelle.

Paroles aimables

L'amour est aimable. Par conséquent, si nous voulons communiquer l'amour verbalement, nous devons employer des mots et un ton aimables. C'est notre façon de parler qui est concernée. Une même phrase peut revêtir deux significations différentes suivant la manière dont elle est prononcée. Les mots « Je t'aime » dits avec gentillesse et tendresse peuvent être une authentique déclaration d'amour. Mais les mêmes mots, prononcés comme une question ou avec hésitation, mettent en doute l'affirmation ou la tournent en dérision. De même, la phrase « Je serais ravi de faire la vaisselle ce soir » lancée sur un ton railleur ne sera certainement pas reçue comme un message d'amour. Il arrive que nos paroles disent une chose, mais que l'intonation de la voix en dise une autre. Nous émettons des messages doubles. Notre conjoint interprétera généralement notre message en fonction de l'intonation, et non en fonction des mots employés.

Dans la même idée, nous pouvons partager notre peine, notre souffrance et même notre colère par des mots affables prononcés avec gentillesse. « Je suis déçue et blessée que tu n'aies pas proposé de m'aider ce soir ». Les mots, dits sincèrement et avec douceur, peuvent exprimer un amour authentique. La personne qui parle ainsi veut s'ouvrir à son conjoint. En dévoilant ses sentiments, elle fait ce qu'il faut pour développer l'intimité dans son couple. Elle offre une occasion de discuter de la blessure ressentie afin de pouvoir la guérir. Les mêmes paroles exprimées d'une voix forte et hargneuse révéleront non de l'amour, mais un esprit de jugement et de condamnation.

Notre manière de parler est donc de la plus haute importance. Un sage a dit : « Une réponse douce calme la fureur. » Si votre conjoint est en colère et bouleversé, et qu'il vous décoche des paroles blessantes et incontrôlées, si vous voulez prouver votre amour, vous répondrez non pas sur le même ton, mais avec douceur. Vous interpréterez le message reçu comme une information sur ses sentiments actuels. Vous le laisserez parler de sa blessure, de sa colère et de sa perception de l'événement en cause. Vous essaierez de vous mettre à sa place pour ressentir les choses de son point de vue, puis vous lui direz aimablement pourquoi, selon vous, il perçoit les choses ainsi. Si vous lui avez fait du tort, soyez prêt à reconnaître votre faute et à demander pardon. Si votre motivation n'est pas celle qu'il a cru être, efforcez-vous d'expliquer paisiblement vos mobiles. Vous aurez le désir de trouver un terrain d'entente et de réconciliation, et non celui de présenter votre interprétation des événements comme étant la seule logique à prendre en compte. Ce sera une preuve d'amour mature, cet amour vers lequel nous devons tendre si nous voulons que notre mariage s'épanouisse davantage.

L'amour ne conserve pas la liste des torts subis. Il ne rappelle pas les manquements passés. Personne n'est parfait. Dans le couple, nous n'agissons pas toujours de manière idéale. Il nous est arrivé de débiter des paroles cruelles ou de commettre des actes malveillants à l'encontre de notre conjoint. Impossible d'effacer le passé. Nous ne pouvons que l'assumer et reconnaître que nous avons mal agi. Nous pouvons demander pardon et nous efforcer de faire mieux à l'avenir. Après avoir confessé ma faute et demandé pardon, je ne peux rien faire de plus pour adoucir la souffrance subie par mon conjoint. Quand j'ai été offensé par mon épouse, qu'elle a amèrement regretté le mal qu'elle m'a causé et m'en a demandé pardon, je peux exercer la justice comme je l'entends, ou le pardon. Si je choisis la voie de la justice en cherchant à la punir ou en exigeant réparation, je m'érige en juge et la rabaisse au rang du malfaiteur. Dans ces conditions, l'intimité devient impossible. En revanche, si j'opte pour le pardon, l'intimité peut être rétablie. Le pardon est la voie de l'amour.

Je suis étonné de voir combien de gens gâchent leur journée avec le rappel des faits de la veille. Ils insistent pour conserver aujourd'hui les manquements d'hier et ainsi compromettre une journée potentiellement merveilleuse. « Je n'arrive pas à le croire. Je ne pense pas pouvoir l'oublier. Tu ne peux pas t'imaginer à quel point tu m'as fait mal. Je ne sais pas comment tu peux rester tranquillement assis là après m'avoir traitée de la sorte ! Tu devrais au contraire tout faire pour me demander pardon.

Je me demande d'ailleurs si j'arriverai un jour à te pardonner. » Ce sont là des paroles empreintes non d'amour, mais d'amertume, de rancune et d'esprit de vengeance.

Le meilleur sort que nous puissions réserver aux manquements du passé, c'est de les enfouir dans l'histoire. Oui, ils se sont produits. C'est vrai, ils ont fait mal, et ils peuvent encore le faire aujourd'hui, mais il ou elle a reconnu ses fautes et vous a demandé pardon. Si nous ne pouvons pas effacer le passé, nous pouvons le considérer comme de l'histoire ancienne et décider de vivre le présent sans l'entacher des erreurs d'hier. Le pardon n'est pas un vague sentiment, c'est une ferme résolution, une expression de l'amour. « Je t'aime. Je me soucie de toi et je décide de te pardonner. Même si je me sens encore meurtri(e), j'interdis à ce qui s'est passé de s'interposer entre nous. J'espère que cet épisode nous aura appris quelque chose. Tu n'es pas un(e) raté(e) parce que tu as mal agi. Tu es mon époux (ou épouse), et nous repartirons ensemble d'un même pas. » Voilà un exemple de propos valorisants tenus dans le dialecte des mots aimables.

Paroles humbles

L'amour formule des requêtes et non des exigences. À partir du moment où j'exige une chose de mon épouse, je deviens le parent, et elle l'enfant. Car c'est le parent qui dicte à l'enfant de trois ans ce qu'il devrait faire, plus exactement ce qu'il doit faire. C'est indispensable parce qu'un bambin de cet âge n'a pas encore appris à naviguer dans les eaux dangereuses de la vie. Dans le mariage, nous avons affaire à des partenaires adultes et égaux. Certes, nous ne sommes pas parfaits, mais adultes et conjoints. Si nous voulons développer une relation intime, nous avons besoin de connaître nos désirs mutuels.

Cependant notre *façon* d'exprimer nos désirs revêt une grande importance. Si nos désirs sont perçus comme des exigences, nous anéantissons la possibilité de nous rapprocher de notre conjoint, lequel va prendre ses distances. En revanche, si nous les faisons connaître comme de vraies requêtes, nous donnons à notre partenaire une orientation, non un ultimatum. Lorsqu'un mari dit à sa femme : « Tu sais, les tartes aux pommes que tu réussis si bien ! Pourrais-tu en faire une cette semaine ? Je les aime tellement ! », il lui indique comment l'aimer et se rapprocher de lui. Par contre, s'il lui déclare : « Depuis la naissance du bébé, je n'ai plus eu droit à de la tarte aux pommes ! Je suppose que j'en serai privé pendant les dix-huit années à venir », il cesse de se conduire en adulte pour adopter un comportement d'adolescent râleur. De telles exigences ne contribuent pas au resserrement des liens conjugaux. La femme qui demande à son mari : « Penses-tu pouvoir nettoyer les gouttières ce week-end ? » témoigne de son amour en formulant une requête. Mais si elle l'interpelle : « Si tu ne nettoies pas les gouttières prochainement, elles ne manqueront pas de se disloquer sous le poids de la vase. Regarde un peu, c'est déjà la jungle ! », elle ne manifeste pas d'amour à son mari et se transforme en mère dominatrice à son égard.

Lorsque vous exprimez un désir à votre conjoint, vous soulignez sa valeur et ses aptitudes à le réaliser. Vous lui faites comprendre en somme qu'il ou elle possède (ou peut accomplir) quelque chose qui vous tient à cœur. Mais si vous posez une exigence, vous n'êtes plus un amant, mais un tyran. Votre conjoint se sent alors rabaissé et non valorisé. La requête laisse celui qui la reçoit libre de sa décision. Le conjoint peut accéder à la demande ou la rejeter. Car l'amour résulte toujours d'un choix. C'est ce qui lui confère une si grande importance. Le fait de savoir que mon conjoint m'aime suffisamment pour répondre favorablement à l'un de mes désirs me fait comprendre qu'il ou elle prend soin de moi, me respecte, m'admire et tient à me faire plaisir. En formulant une exigence auprès d'une personne, je n'aurai jamais l'assurance d'être aimé d'elle, car elle peut se conformer à mon exigence, mais ce ne sera pas forcément l'expression de son amour pour moi. Sa décision est davantage inspirée par la crainte, par la culpabilité ou par tout autre sentiment, mais pas par l'amour. Ainsi, la requête adressée au conjoint lui offre la possibilité d'exprimer son amour, tandis qu'une exigence étouffe cette possibilité.

Dialectes variés

Les paroles valorisantes constituent l'un des cinq langages fondamentaux de l'amour. Mais à l'intérieur de cette langue, il y a plusieurs dialectes. Nous en avons déjà mentionné quelques-uns, et il en existe beaucoup d'autres. Des volumes entiers et d'innombrables articles leur ont été consacrés. Tous ces dialectes ont en commun le fait qu'ils se servent des mots pour valoriser le conjoint. Le psychologue William James a déclaré que le besoin humain le plus profond est peut-être celui de se savoir apprécié. Les paroles valorisantes répondront à ce besoin chez un grand nombre d'individus. Si vous n'aimez pas vous exprimer en paroles, si cette forme de communication ne correspond pas à votre langage d'amour familier, mais que vous pensez que c'est celui de votre conjoint, je vous suggère d'employer un moyen très concret pour l'apprendre, tel qu'un carnet dans lequel vous consignerez les propos valorisants. Lorsque vous lisez un ouvrage ou un article consacré à l'amour, notez les mots et les paroles appréciatives que vous découvrez. Lorsque vous entendez une conférence sur le thème de l'amour, ou que vous captez un propos positif qu'un de vos amis tient sur un tiers, inscrivez-le. Avec le temps, vous aurez une belle collection de mots, d'expressions et de propositions qui pourront vous servir pour communiquer verbalement de l'amour à votre conjoint.

Vous pouvez également valoriser votre conjoint en son absence en disant du bien de lui. Tôt ou tard, quelqu'un finira certainement par le lui rapporter. Le niveau de son réservoir affectif montera. Dites par exemple à votre belle-mère combien votre femme vous est précieuse. Lorsqu'elle répétera vos paroles à sa fille, elle les amplifiera peut-être un peu, et toutes les deux vous en sauront gré.

N'hésitez pas non plus à mettre votre conjoint en valeur en société, même en sa présence. Lorsque vous êtes honoré en public, veillez à partager cet honneur avec lui. Utilisez également votre plume pour lui exprimer votre amour, estime, et affection. L'avantage des écrits, c'est qu'ils restent et peuvent être relus fréquemment.

J'ai appris il y a quelques années une importante leçon à propos des paroles valorisantes et des langages de l'amour.

Par une magnifique journée de printemps, je rendis visite à Jérôme et Sonia. Ils habitaient une maison isolée entourée d'une clôture en bois blanc, au milieu d'une pelouse vert tendre et de massifs en pleine floraison. Le cadre était idyllique. Une fois à l'intérieur, je dus me rendre à l'évidence : le romantisme s'arrêtait à la porte. Leur mariage battait de l'aile. Douze ans de vie commune, deux enfants et ils en étaient maintenant à se demander pourquoi ils s'étaient mariés. Ils semblaient en désaccord sur quasiment tout. Leur seul terrain d'entente était l'amour que tous deux portaient aux enfants. Pendant qu'ils me racontaient leur histoire, je pus me rendre compte que Jérôme était un bourreau de travail qui consacrait très peu de temps à Sonia. Celle-ci travaillait à temps partiel, surtout pour respirer hors de la maison. Ils géraient leur vie conjugale en se retranchant dans la fuite, tentant de garder une certaine distance dans leur relation afin que leurs conflits ne paraissent pas trop importants. Sur le réservoir d'amour de chacun, la jauge était résolument bloquée sur « vide ».

Ils me dirent qu'ils avaient commencé à voir un conseiller conjugal, sans grand impact pour l'instant. Je venais de les rencontrer lors d'un séminaire que j'avais organisé sur le thème du mariage et celui-ci se terminait le lendemain. C'était donc probablement ma seule et unique occasion de discuter avec eux. Je décidai de mettre le paquet.

Je les vis séparément une heure. J'écoutai avec beaucoup d'attention leurs versions et je me rendis compte que malgré le vide de leur relation et leurs nombreux désaccords, chacun appréciait certains points chez l'autre. Jérôme reconnut :

— Sonia est une bonne mère. Elle s'occupe très bien de la maison et c'est une excellente cuisinière quand elle décide de s'y mettre. Mais elle ne me témoigne aucune affection. Je fais tout ce que je peux sans qu'il y ait jamais de sa part la moindre parole d'appréciation.

De son côté, Sonia me confia que Jérôme était un grand travailleur qui veillait à ce que personne ne manque de rien.

— Mais, ajouta-t-elle, il ne m'aide jamais dans les travaux de la maison, et n'a jamais de temps pour moi. À quoi bon avoir une maison, une voiture pour sortir et d'autres avantages si nous n'en profitons pas ensemble ?

Riche de cette information, je décidai de limiter mes conseils à une seule suggestion que je leur fis individuellement. Je leur révélai qu'ils détenaient tous les deux la clé du changement dans le climat sentimental de leur mariage. « Cette clé consiste à exprimer verbalement votre appréciation pour ce que vous aimez chez l'autre, et à cesser de vous critiquer mutuellement et de vous reprocher ce qui vous déplaît. » Nous avons de nouveau passé en revue les remarques positives qu'ils m'avaient déjà faites ; j'aidai chacun à les énumérer par écrit. Nous veillâmes à ce que les listes soient aussi précises et caractéristiques que possible. Voici celle de Sonia :

- En douze ans, il n'a pas manqué un seul jour à son travail. C'est un travailleur consciencieux.
- Il a gravi plusieurs échelons au fil des ans. Il cherche toujours à améliorer sa productivité.
- Il s'acquitte régulièrement des frais relatifs à la maison.
- C'est aussi lui qui règle les factures d'électricité, de gaz et d'eau.
- Il y a trois ans, il nous a acheté une voiture pour nos loisirs.
- Au printemps et en été, il tond le gazon chaque week-end ou emploie quelqu'un pour le faire.
- En automne, il ramasse les feuilles mortes ou s'il ne peut, paie quelqu'un pour le faire.
- Il me donne une grande somme d'argent pour nourrir et habiller la famille.
- Une fois par mois, il va à la déchetterie.
- Il pourvoit largement aux cadeaux de Noël pour la famille.
- Il me permet d'utiliser à ma guise ce que je gagne par mon travail à temps partiel.

La liste de Jérôme comportait :

- Elle fait tous les jours les lits.
- Chaque semaine, elle passe l'aspirateur dans toute la maison.

- Tous les matins, elle veille à ce que les enfants aillent à l'école en ayant pris un petit-déjeuner copieux.
- Elle cuisine d'avance trois fois par semaine.
- Elle fait les courses et aide les enfants à faire leurs devoirs.
- Elle conduit les enfants à l'école et aux activités extrascolaires.
- Elle apporte mes chemises au pressing.
- Elle s'occupe de la lessive et du repassage.

Je leur conseillai d'ajouter à ces listes les choses positives qui les marqueraient dans les semaines à venir. Je leur suggérai de choisir deux fois par semaine une constatation élogieuse et d'en faire l'objet d'une appréciation verbale à leur conjoint. Par ailleurs, j'encourageai Sonia, si son mari lui faisait un compliment, à ne pas le lui rendre le même jour mais à l'accepter simplement en ajoutant : « Je te remercie de m'avoir dit cela. » Je fis la même remarque à Jérôme et les encourageai à procéder ainsi toutes les semaines pendant deux mois, et même à poursuivre l'expérience s'ils la jugeaient bénéfique pour eux. Si mes conseils ne permettaient pas d'améliorer le climat affectif de leur mariage, ils devraient les rejeter comme une nouvelle tentative avortée.

Le jour suivant, je pris l'avion pour rentrer chez moi. Sur mon agenda, je notai de téléphoner à Jérôme et Sonia deux mois plus tard pour savoir comment la situation aurait évolué. Vers le milieu de l'été, je les appelai donc séparément. Quelle ne fut pas ma surprise de constater que Jérôme avait fait des pas de géant… et dans la bonne direction ! Il avait deviné que j'avais donné à Sonia les mêmes conseils qu'à lui, et il ne s'en plaignait pas. Au contraire, il semblait avoir apprécié ma démarche. À plusieurs reprises, sa femme lui avait dit combien elle l'appréciait pour son dur labeur et son souci de pourvoir aux besoins de la famille.

— Elle m'a redonné le sentiment d'être un homme. Nous avons encore beaucoup de chemin à parcourir, M. Chapman, mais je crois vraiment que nous sommes sur la bonne voie.

En parlant avec Sonia, j'eus le sentiment que de son côté, elle n'avait fait qu'un tout petit pas.

— Il y a quelques progrès, M. Chapman, me dit-elle. Jérôme me fait des compliments comme vous le lui avez suggéré, et je crois qu'il est sincère. Mais il ne me consacre toujours pas davantage de son temps. Il est tellement pris par son travail à l'extérieur que nous sommes rarement ensemble.

En écoutant Sonia, j'eus soudain une illumination. Je venais de faire une découverte fondamentale. Le langage par lequel une personne exprime son amour n'est pas nécessairement celui de l'autre. Il sautait aux yeux que pour Jérôme, le langage connu était celui des paroles valorisantes. C'était un travailleur acharné, qui aimait son travail, mais ce qu'il attendait le plus de sa femme, c'était qu'elle lui dise combien elle l'appréciait pour cette qualité. Ce besoin était sans doute inscrit en lui depuis son enfance, et il n'était pas moins important maintenant qu'il était devenu adulte. De son côté, Sonia soupirait de tout son être après autre chose. Des compliments, c'était bien beau, mais son aspiration sentimentale profonde se situait à un autre niveau. Abordons donc à présent le deuxième langage d'amour.

Chapitre 5
Les moments de qualité

Dès le début, j'aurais dû discerner quelle était la première *langue* de Sonia en matière d'amour. Qu'avait-elle dit ce soir de printemps, lorsque j'étais allé les voir elle et son mari ? « Jérôme est un grand travailleur qui veille à ce que personne ne manque de rien. Mais à quoi bon avoir une maison, une voiture pour sortir et tous les autres avantages si nous n'en profitons pas ensemble ? » Quel était son désir ? Passer de bons moments avec Jérôme, des moments de qualité. Elle voulait l'attention de son mari. Elle souhaitait qu'il se concentre sur elle, qu'il lui consacre du temps et plus particulièrement un temps de qualité.

Qu'entends-je par *moments de qualité* ? Je veux dire accorder à l'autre une attention totale et sans partage. Ce n'est pas s'asseoir à côté de lui pour regarder la télé. Car dans ce cas, c'est le programme télé qui capte votre attention, pas le conjoint. Rester assis sur le divan, pourquoi pas, mais la télé éteinte pour pouvoir se regarder et se *parler* en s'accordant mutuellement une profonde attention. Ce peut être aussi se promener, juste à deux, ou aller au restaurant. Avez-vous remarqué combien dans un restaurant on peut facilement reconnaître des fiancés d'un couple marié ? Généralement, les premiers se regardent et se parlent ; les personnes mariées quant à elles restent très souvent silencieuses, observant ce qui se passe autour d'elles. À croire qu'elles viennent au restaurant pour manger !

Lorsque je suis installé dans le canapé avec ma femme, que je lui consacre vingt minutes d'attention totale et sans partage, et qu'elle agit de même envers moi, nous nous offrons vingt minutes de vie. Nous ne récupérerons jamais ce temps ; nous nous donnons réellement une partie de notre vie. C'est un moyen puissant de nous communiquer de l'amour.

Un médicament ne guérit pas toutes les maladies. Dans mes prescriptions à Jérôme et Sonia, j'avais commis une grave erreur. J'avais supposé que des paroles bienfaisantes auraient autant d'effet sur Sonia que sur Jérôme. J'avais pensé que si les deux époux se valorisaient l'un l'autre par des paroles appropriées, le climat affectif au sein du couple s'améliorerait, et que chacun commencerait à se sentir aimé. Le « médicament » prescrit à Jérôme a fonctionné. Jérôme s'est mis à se comporter de manière plus positive à l'égard de sa femme. Il a été sensible à l'appréciation qu'elle portait sur son travail. Mais le remède n'a eu que peu de résultats pour Sonia, car le langage des paroles bienfaisantes ne correspondait pas à sa langue natale en matière d'amour. Son langage à elle était celui des moments de qualité.

Je repris le téléphone et félicitai Jérôme pour ses efforts au cours des deux mois écoulés. Il avait accompli du bon travail en montrant à Sonia combien il appréciait ses services, compliments qu'elle avait bien saisis.

— Mais, rétorqua-t-il, elle n'est pas encore très heureuse. Je ne pense pas que les choses aient beaucoup changé pour elle.

— C'est vrai, répondis-je, et je sais maintenant pourquoi. Le problème est que je vous ai orienté vers un langage inapproprié pour exprimer votre amour, du moins en partie.

Il ne sembla pas du tout comprendre ce que je lui disais. Je lui expliquai que ce qui procurait le sentiment d'être aimée à une personne, n'était pas forcément le même pour une autre.

Il reconnut que les paroles bienfaisantes étaient le langage d'amour qu'il comprenait le mieux. Il me raconta combien les compliments lui faisaient plaisir quand il était enfant, et combien il était heureux quand Sonia exprimait son admiration pour ce qu'il menait à bien. Je lui indiquai que, dans le domaine affectif, le langage d'amour familier de sa femme n'était pas les paroles appréciatives, mais les moments de qualité. Je lui fis comprendre qu'elle attendait qu'il lui consacre du temps sans partage, pas seulement qu'il lui parle en lisant le journal ou en regardant la télé, mais qu'il la regarde elle, en lui prêtant toute son attention, ou qu'il entreprenne avec elle une activité qui la passionnait particulièrement, en le faisant de tout son cœur. « Par exemple aller à un concert avec elle », suggéra-t-il. Je sus alors qu'il commençait à comprendre.

— M. Chapman, c'est justement ce dont elle se plaint constamment. Elle me reproche de ne rien faire avec elle, de ne pas lui consacrer de temps. « Avant d'être mariés, nous allions bien nous promener ensemble, et nous faisions certaines choses en commun, mais maintenant tu es trop occupé », m'a-t-elle dit. Je vois bien qu'elle s'exprime ainsi dans le langage d'amour qui lui est le plus familier. C'est son droit. Je ne le conteste pas. Mais que dois-je faire, M. Chapman ? Mon travail est tellement prenant !

— Racontez-moi cela.

Pendant les dix minutes qui suivirent, Jérôme me décrivit son ascension sociale, son travail acharné pour y parvenir et sa fierté d'avoir réussi. Il me fit part de ses ambitions d'avenir et m'assura que dans les cinq ans à venir, il atteindrait le niveau dont il avait toujours rêvé.

— Souhaitez-vous y arriver seul, ou avec Sonia et vos enfants ?

— Je voudrais qu'elle soit avec moi, M. Chapman. J'aimerais qu'on se réjouisse ensemble de cette réussite. C'est pourquoi cela me fait tellement mal de l'entendre me reprocher tout ce temps consacré à mon travail. Je le fais pour nous. Je veux l'associer à ce projet, mais elle est si négative !

— Ne commencez-vous pas à voir pourquoi elle est si négative, Jérôme ? Elle perçoit l'expression de l'amour quand elle se manifeste en moments de qualité. Vous lui avez jusqu'ici consacré si peu de temps que son réservoir d'amour est vide. Elle ne se sent pas en sécurité dans votre amour. C'est pourquoi elle en veut à ce qui, dans son esprit, est la cause de sa souffrance : votre travail. En réalité, elle n'est pas hostile à votre occupation professionnelle. Elle pleure de ressentir si peu d'amour de votre part. Je ne vois qu'une solution, Jérôme, et elle est coûteuse. Vous devez à tout prix trouver du temps pour Sonia. Vous devez lui exprimer votre amour dans une langue qu'elle comprenne.

— Je sais que vous avez raison, M. Chapman, mais par où dois-je commencer ?

— Avez-vous de quoi écrire sous la main ? La feuille sur laquelle nous avons énuméré vos points positifs concernant Sonia ?

— La voilà.

— Bien. Nous allons dresser une autre liste. Tout ce que votre femme aimerait faire avec vous. Les souhaits qu'elle a probablement émis au fil des ans.

Voici la liste de Jérôme :

Prendre la voiture et aller passer un week-end en montagne, parfois avec les enfants, parfois sans.

La rejoindre à midi au restaurant.

- Demander à une baby-sitter de venir garder les enfants pendant que nous irons voir un bon spectacle.
- À mon retour le soir, m'asseoir à côté d'elle, lui raconter le déroulement de ma journée et l'écouter me faire part de ce qui a émaillé la sienne. Ne surtout pas regarder la télé pendant qu'elle me parle.

- Consacrer du temps à jouer et à bavarder avec les enfants.
- Partir en pique-nique avec elle et les enfants le samedi midi, sans me plaindre des fourmis et des mouches.
- Passer des vacances en famille au moins une fois par an.
- Faire une petite balade avec elle pour discuter en marchant. Sans que j'aie toujours une longueur d'avance sur elle !

— Voilà, je crois avoir fait le tour des souhaits qu'elle a exprimés, me dit-il.

— Savez-vous ce que j'ai envie de vous suggérer, Jérôme ?

— De passer à l'action !

— C'est exact. Prenez le temps pour faire une chose différente chaque semaine pendant les deux mois à venir. Je sais que vous y arriverez, car vous êtes un homme avisé. Vous ne vous seriez pas hissé où vous en êtes si vous aviez manqué de sagesse dans vos décisions. Vous êtes parfaitement capable de planifier votre vie différemment et d'y inclure Sonia.

— Je le sais. Je le ferai.

— Sachez, Jérôme, que cela ne doit en rien porter ombrage à vos objectifs professionnels. Mais les mesures que vous prendrez seront telles que votre femme et vos enfants seront à vos côtés quand vous atteindrez le faîte de votre carrière.

— C'est ce que je désire le plus au monde. Que je sois au sommet ou non, je veux que Sonia soit heureuse, et je tiens à profiter pleinement de notre vie de couple et de nos enfants.

Les années ont passé. Jérôme et Sonia ont connu réussite et revers de fortune, mais ce qui est important, c'est qu'ils les ont traversés ensemble. Leurs enfants ont quitté le nid familial… et Jérôme et Sonia reconnaissent qu'ils vivent actuellement leurs plus belles années. Jérôme est devenu un habitué des salles de concert, et Sonia a considérablement allongé la liste des traits de caractère et des actions qu'elle apprécie chez son mari. Il ne se lasse pas de les réentendre. Il a créé sa propre société et connaît le succès. Son travail ne constitue plus une menace pour sa femme. La profession de son mari l'enthousiasme tellement qu'elle ne cesse de lui prodiguer ses encouragements. Elle est maintenant consciente d'occuper la première place dans sa vie. Son réservoir affectif est plein ; quand le niveau commence à baisser, elle sait qu'il lui suffit d'une simple requête de sa part pour que Jérôme lui accorde toute l'attention voulue.

Être ensemble

Un aspect central des moments de qualité réside dans l'*attention* que l'on porte à son conjoint et d'*être ensemble*. Je ne parle pas simplement de *proximité*. Deux personnes assises dans la même pièce sont physiquement proches, mais elles ne le sont pas nécessairement sur le plan affectif ; elles ne sont pas forcément unies, sur la même longueur d'onde, accordées. Être ensemble implique une attention soutenue. Lorsqu'un père est assis par terre et fait rouler la balle en direction de son fils de deux ans, son attention ne se porte pas sur la balle mais sur son enfant. Pendant cet instant, aussi bref soit-il, ils sont vraiment ensemble, proches affectivement.

Si le père argumente au téléphone tout en poussant la balle vers son fils, son attention est partiellement détournée de l'enfant. Certains époux pensent qu'ils se consacrent mutuellement du temps, alors qu'ils vivent uniquement dans une proximité physique. Bien qu'étant sous le même toit au même moment, ils ne sont pas à proprement parler ensemble, unis. Le mari qui regarde un match de football à la télé tout en parlant à sa femme, n'offre pas à celle-ci des instants de qualité, car il ne lui porte pas une pleine attention.

S'offrir des moments de qualité ne signifie pas pour autant se regarder constamment dans les yeux. C'est plutôt entreprendre une activité à deux en veillant à accorder de l'attention à son partenaire. En soi l'activité est secondaire ; l'important est que sur le plan sentimental nous passions des moments intenses ensemble. L'activité n'est là que pour créer le sentiment d'unité. Dans la scène du père qui fait rouler la balle vers son bambin, l'important ne réside pas dans l'activité elle-même, mais dans les émotions qu'elle crée entre le père et son enfant.

De même, un mari et sa femme qui jouent ensemble au tennis – à condition que ce soient des instants de qualité – seront d'abord intéressés non par le jeu lui-même, mais par l'opportunité (et le bonheur) de renforcer leur complicité. Ce qui se passe au niveau émotionnel est le plus important. Le temps mis dans une activité commune montre que nous prenons soin l'un de l'autre, que nous apprécions d'être ensemble, que nous aimons faire certaines choses à deux.

Dialogue de qualité

De même que les paroles valorisantes, le langage des moments de qualité se décompose en plusieurs dialectes. L'un des plus usuels concerne le dialogue. Il s'agit là d'une conversation dans laquelle deux individus partagent leurs expériences, leurs pensées, leurs sentiments et leurs désirs avec affection, sans s'interrompre. La plupart des personnes qui se plaignent que leur conjoint ne leur parle plus ne veulent pas dire pour autant qu'il ne leur adresse plus un mot. Elles déclarent simplement qu'il s'engage rarement dans un dialogue ouvert et plein d'égards. Si le langage d'amour que comprend le mieux votre conjoint est celui des moments de qualité, un dialogue authentique est fondamental pour qu'il se sente vraiment aimé.

Le dialogue de qualité est différent des paroles valorisantes : pour le premier, l'accent porte sur la qualité de notre *écoute* ; pour les secondes, sur la qualité de ce que nous *disons*. Si je veux vous communiquer mon amitié par le moyen des moments de qualité et que nous consacrons ces moments à dialoguer, j'essaierai de vous faire parler, et d'écouter avec bienveillance ce que vous avez à dire. Je vous poserai des questions, non de manière importune, mais avec la volonté sincère de mieux comprendre vos pensées, vos sentiments et vos désirs.

Patrick avait quarante-trois ans quand je l'ai rencontré, et il était marié depuis dix-sept ans. Si je me souviens autant de lui, c'est parce que ses premiers mots furent très surprenants. Il était assis dans mon bureau, bien calé dans le fauteuil en cuir ; après s'être brièvement présenté, il se pencha en avant et dit avec beaucoup d'émotion dans la voix :

— M. Chapman, j'ai été un insensé, un insensé sur toute la ligne !

— Qu'est-ce qui vous amène à cette conclusion ?

— Je suis marié depuis dix-sept ans, et ma femme vient de me quitter. Maintenant, je me rends compte à quel point j'ai été insensé.

Je reformulai ma question initiale :

— En quoi avez-vous été un insensé ?

— Quand ma femme rentrait de son travail, elle me racontait les difficultés qu'elle rencontrait au bureau. Je l'écoutais puis je lui disais ce qu'à mon avis elle devait faire. Je ne manquais jamais de lui prodiguer des conseils. Je l'encourageais à faire face à ses problèmes. « Les difficultés ne disparaîtront pas toutes seules. Tu dois en parler avec les personnes concernées ou avec ton supérieur. Assume tes responsabilités. » Le lendemain, elle me faisait part des mêmes problèmes. Je lui demandais si elle avait suivi mes conseils de la veille. Elle secouait la tête et disait que non. Je réitérais donc mes recommandations. Je l'assurais que c'était ainsi qu'elle devait agir. Le surlendemain, mêmes lamentations. Même interrogation pour savoir si elle s'était conformée à mes suggestions, et même réponse négative.

Après trois ou quatre soirées identiques, je me suis mis en colère. Je lui ai dit qu'elle n'avait pas de compassion à attendre de ma part si elle ne tenait pas compte de mes conseils. Qu'elle n'avait pas à subir un tel stress sur son lieu de travail. Qu'elle avait tout pour surmonter ses difficultés ; il suffisait pour cela qu'elle agisse conformément à mes indications. Aussi, quand elle revint les soirs suivants, écrasée par le même souci, je lui dis : « Je ne veux plus en entendre parler. Je t'ai expliqué ce que tu devais faire. Puisque tu ne veux pas m'écouter, je ne t'écouterai pas non plus. »

Je m'esquivai et allai vaquer à mes occupations. Quel insensé j'ai été, répétait-il, quel insensé ! Je me rends compte maintenant qu'elle ne recherchait pas des conseils lorsqu'elle me faisait part de ses difficultés au travail. Elle voulait une oreille bienveillante. Elle souhaitait que je l'écoute, que je lui prête attention, que je lui donne l'assurance que comprenais sa souffrance, son stress, la pression qu'elle subissait. Elle voulait s'assurer que je l'aimais et que j'étais de tout cœur avec elle. Elle ne réclamait pas mon avis. Elle voulait simplement être sûre que je la comprenais. Or, je n'ai jamais essayé de la comprendre. J'étais trop pressé de lui donner des conseils. Quelle folie de ma part ! Maintenant, elle est partie. Pourquoi n'ai-je pas vu arriver l'orage ? J'étais aveugle à ce qui se passait autour de moi. Maintenant seulement je comprends combien je lui ai fait défaut.

La femme de Patrick désirait ardemment un dialogue de qualité. Son affectivité réclamait de la part de son mari une attention profonde, une écoute sincère de sa souffrance et de ses frustrations. Mais Patrick était sur une autre longueur d'onde ; il avait hâte de parler au lieu d'écouter. Il n'écoutait que pour saisir le problème de sa femme et proposer une solution. Il n'écoutait ni assez longtemps ni assez attentivement pour percevoir son cri de détresse, son appel au réconfort et à la compréhension.

Beaucoup sont comme Patrick. Ils sont spécialisés dans l'analyse des problèmes et dans la proposition de solutions. Ils oublient que le mariage est avant tout une relation, et non uniquement un projet à mener à bien ou des problèmes à résoudre. Une relation exige une écoute bienveillante dans le but de comprendre les pensées de l'autre, ses sentiments et ses désirs. Nous devons être prêts à donner des conseils que s'ils nous sont demandés, et jamais de manière condescendante. Nous sommes généralement peu disposés à écouter notre entourage, mais beaucoup plus prompts à raisonner et à parler. Apprendre à écouter peut se révéler aussi difficile qu'apprendre une langue étrangère. Mais si nous voulons communiquer l'amour, nous ne pouvons nous dispenser de l'apprendre. Surtout si le dialecte affectif le mieux compris de nous est le dialogue de qualité. Je suis heureux qu'il existe de nombreux livres et articles consacrés au développement de la faculté d'écoute. Je ne veux pas répéter ce qui est écrit ailleurs ; je me contenterai de donner quelques brefs conseils pratiques.

- *Maintenez un contact visuel avec votre conjoint lorsqu'il parle.* Cela empêche votre esprit de vagabonder et signifie à votre conjoint qu'il a toute votre attention.
- *Ne faites rien d'autre en écoutant votre conjoint.* Souvenez-vous : offrir à votre partenaire des

moments de qualité, c'est lui prêter une attention sans partage. Si vous êtes en train de regarder une émission de télévision très prenante, de lire un chapitre passionnant ou de faire un bricolage que vous ne pouvez interrompre sur-le-champ, dites-le lui franchement. Par exemple : « Je sais que tu cherches à me parler, et ce que tu as à me dire m'intéresse. Mais j'aimerais te prêter une pleine attention ; je ne peux pas le faire dans l'immédiat. Accorde-moi dix minutes pour terminer ce que j'ai commencé ; ensuite je m'assiérai et t'écouterai sans être distrait. » La plupart des conjoints accepteront cette requête.

- *Soyez à l'affût des sentiments.* Demandez-vous : « Quelles émotions agitent mon conjoint en ce moment ? » Lorsque vous pensez avoir la réponse, faites-la connaître. Dites par exemple : « Il me semble que tu es déçue parce que j'ai oublié... » Votre interlocuteur pourra ainsi préciser ses sentiments ; de plus, il aura l'assurance que vous l'écoutez attentivement.
- *Observez le langage du corps.* Les poings serrés, les mains tremblantes, les larmes, les sourcils froncés et le mouvement des yeux vous renseignent sur ce qu'éprouve votre interlocuteur. Il arrive que le corps dise une chose et que les paroles en disent une autre. Demandez des clarifications pour être sûr de bien comprendre ce que pense réellement votre conjoint.
- *Gardez-vous d'interrompre.* Des recherches récentes ont prouvé que les individus écoutent

en moyenne dix-sept secondes avant d'interrompre celui qui parle et d'exposer leurs propres idées. Si je vous accorde toute mon attention pendant que vous vous exprimez, je m'interdis de me défendre, de contre-attaquer ou de justifier mon point de vue. Mon but est de découvrir vos pensées et vos sentiments. Il n'est pas de me défendre ni de vous reprendre. Il est de vous comprendre.

Apprendre à parler

S'engager dans un dialogue de qualité n'est pas seulement écouter avec bienveillance, mais aussi accepter de s'ouvrir à l'autre. Lorsqu'une épouse dit : « J'aimerais que mon mari parle. Je ne sais jamais ce qu'il pense ou ce qu'il ressent », elle exprime un désir ardent d'intimité avec lui. Elle souhaite se sentir proche de son mari, mais comment est-ce possible si elle ne le connaît pas vraiment ? Pour qu'elle se sente aimée, il faut que son mari apprenne à se révéler. Si cette épouse comprend surtout quand il s'exprime par les moments de qualité, et que son dialecte de prédilection est le dialogue, son réservoir émotionnel ne sera pas rempli tant que son mari ne lui aura pas donné accès à son cœur et à ses pensées.

Certains ont du mal à s'ouvrir aux autres. Beaucoup d'adultes ont grandi dans des milieux où le partage des pensées et des sentiments était condamné plutôt qu'encouragé. Enfants, lorsqu'ils réclamaient un jouet, ils avaient droit à un sermon sur le triste état des finances familiales. Ils repartaient alors en se sentant coupables d'avoir exprimé un désir et veillaient ainsi rapidement à ne plus exprimer leurs souhaits. S'ils montraient de la colère, leurs parents les réprimandaient sévèrement. Un enfant qui a grandi dans un tel environnement apprend qu'il n'est pas bon de révéler son irritation. En étant montré du doigt pour avoir exprimé son dépit devant une interdiction quelconque, par exemple accompagner son père au magasin, il apprend à refouler son désappointement. Devenus adultes, des enfants au parcours similaire se sont habitués à cacher leurs sentiments. Ils ne sont plus en prise avec leur ego émotionnel.

Par exemple, une femme demande à son mari : « Que ressens-tu devant ce que Jean a fait ? » Son époux répond : « Je pense qu'il a eu tort. Il aurait dû… » Par cette réponse, il ne fait pas connaître ses sentiments à sa femme. Il exprime ses pensées. Il est peut-être légitime qu'il se sente fâché, meurtri ou déçu, mais il a vécu si longtemps dans la sphère de la raison qu'il ne reconnaît plus ses sentiments. Quand il se décidera à apprendre le langage du dialogue de qualité, ce sera comme s'il apprenait une langue étrangère. Il devra commencer par réveiller ses émotions et redécouvrir qu'il est une créature émotionnelle, bien qu'il ait longtemps verrouillé ce compartiment de sa vie.

Si vous avez besoin d'apprendre le langage du dialogue de qualité, commencez par noter les émotions que vous ressentez lorsque vous êtes en dehors du foyer. Ayez toujours sur vous un petit carnet. Trois fois par jour, demandez-vous :

- Quelles émotions ai-je ressenti au cours des trois dernières heures ?
- Quels étaient mes sentiments en voyant dans le rétroviseur l'automobiliste derrière moi me talonner de si près, sur le trajet vers mon lieu de travail ?
- Et quand je me suis arrêté à la station d'essence et que la vanne automatique dans la poignée ne s'est pas fermée lorsque c'était plein, arrosant ainsi tout le côté de la voiture ?
- Et quand, à mon arrivée au bureau, j'ai appris que ma secrétaire, chargée d'une mission particulière, ne pourrait collaborer avec moi aujourd'hui ?
- Et quand mon supérieur m'a informé que le projet sur lequel je travaillais devait être terminé dans trois jours alors que je comptais sur deux semaines supplémentaires ?

Consignez vos émotions et indiquez en marge, au moyen d'un mot ou deux, l'événement qui lui est associé. Votre liste s'établira ainsi :

Événement	**Émotions**
Automobiliste trop près	Colère
Station d'essence	Irritation
Pas de secrétaire	Dépit
Projet à remettre dans 3 jours	Inquiétude et frustration

Répétez cet exercice trois fois par jour, et vous prendrez mieux conscience de votre nature émotionnelle. Pendant plusieurs jours, servez-vous de votre carnet pour communiquer à votre conjoint vos émotions et leur contexte. Au bout de quelques semaines, vous serez plus à l'aise pour lui livrer vos sentiments. Finalement, vous n'aurez plus aucune peine à faire part de vos sentiments vis-à-vis de votre conjoint, de vos enfants et des événements qui jalonnent votre foyer. Souvenez-vous que les émotions ne sont ni bonnes ni mauvaises en soi ; elles ne sont que nos réactions psychologiques face aux événements existentiels.

Nous prenons nos décisions en fonction de ce que nous pensons et ressentons. Lorsque l'automobiliste importun vous serrait de trop près sur l'autoroute, et que vous vous sentiez en colère, peut-être vous êtes-vous dit : « J'espère qu'il va bientôt cesser de me coller ainsi, qu'il va enfin me doubler ; si j'étais sûr de ne pas être épinglé pour non-respect de la limitation de vitesse, je donnerais un grand coup d'accélérateur et le laisserais loin derrière moi ; je pourrais aussi donner un coup de frein brusque et obliger sa compagnie d'assurances à me payer une nouvelle voiture ; cependant, le plus sage est que je me range sur le côté pour le laisser passer. »

En fin de compte, vous avez pris une décision, ou bien le chauffeur qui vous suivait de près a fini par ralentir, tourner ou vous doubler, et vous êtes arrivé sain et sauf à votre bureau. Chaque événement de la vie suscite des émotions, des pensées, des désirs, et motive des actions. C'est l'expression de tout ce processus que j'appelle ouverture à l'autre, ou révélation de soi ; vous devez vous y efforcer si vous décidez d'apprendre le dialogue de qualité comme dialecte affectif.

Types de personnalité

Nous ne sommes pas systématiquement déconnectés de nos émotions, mais quand il s'agit de parler, nous sommes tous plus ou moins marqués par notre personnalité. J'ai constaté qu'il existe deux genres de personnalité. Je qualifie le premier de « Mer Morte ». En Israël, le lac de Galilée s'écoule par le Jourdain vers la Mer Morte, mais celle-ci ne s'écoule nulle part. Elle reçoit des eaux, mais n'en redonne pas. De même, il est des personnes capables de garder pour elles tout ce qu'elles vivent. Bien que faisant toutes sortes d'expériences, éprouvant quantité d'émotions et étant agitées de multiples pensées au cours d'une journée, elles possèdent un vaste grenier dans lequel elles emmagasinent toutes les informations reçues, parfaitement heureuses de ne pas en parler. Si vous dites à quelqu'un de cette nature : « Qu'y a-t-il ? Pourquoi ne me parles-tu pas ce soir ? », il vous répondra : « Il n'y a rien ! Qu'est-ce qui te fait penser que quelque chose ne va pas ? » En disant cela, il est parfaitement sincère. Il se sent bien et n'a pas besoin de parler. Il pourrait conduire de Paris à Marseille sans dire un mot, et s'en sentir satisfait.

À l'extrême opposé, se trouve la personnalité que je décrirais comme « un torrent babillard », pour conserver la même métaphore de l'eau. Tout ce qui entre par les yeux ou par les oreilles ressort généralement en moins de soixante secondes par la bouche. Une personne de ce type ne peut s'empêcher de raconter tout ce qu'elle voit et tout ce qu'elle entend. Si elle n'a personne chez elle à qui parler, elle n'hésitera pas à prendre le téléphone et solliciter quelqu'un de l'extérieur. « Savez-vous ce que j'ai vu ? Vous ne devinerez jamais ce que j'ai entendu ! » Si elle ne peut joindre personne, il est fort possible qu'elle se parle à elle-même puisqu'elle doit tout exprimer. Il arrive souvent qu'une personne du type « Mer Morte » en épouse une du type « torrent babillard ». Ce genre de rencontre arrive aisément car les premiers temps de fréquentation, l'une répond parfaitement aux besoins de l'autre.

Si vous êtes du type « Mer Morte » et que vous fréquentez une personne du type « torrent babillard », vous passerez certainement des soirées merveilleuses. Pas besoin de vous casser la tête : « Comment vais-je lancer la conversation ce soir ? Comment l'alimenter ? » Inutile de vous tracasser à ce sujet. Tout ce que vous avez à faire, c'est de hocher la tête de temps en temps et d'intercaler des « Ah ! » et des « Oh ! » Votre interlocuteur remplira la soirée à lui seul. En rentrant chez vous, vous vous direz : « Quelle charmante personne ! » De même, si vous êtes du type « torrent babillard » et que vous fréquentez quelqu'un du type « Mer Morte », vous passerez sans doute des moments formidables. En effet, votre vis-à-vis est l'auditeur idéal. Vous pouvez parler trois heures d'affilée. Il vous écoutera sans sourciller, et vous rentrerez chez vous en vous disant : « Quel être merveilleux ! » Vous vous recherchez l'un l'autre. Mais au bout de cinq ans de mariage, le babillard se réveille un beau matin en s'écriant : « Cela fait cinq ans que nous sommes mariés, et je ne le connais pas encore ! » De son côté, l'autre conjoint, plutôt muet, pense : « Je le connais *trop* bien ! Si seulement il pouvait s'arrêter un peu de causer et me laisser respirer ! » La bonne nouvelle, c'est que le premier peut apprendre à écouter et le second à parler. Si nous sommes influencés par notre personnalité, nous ne lui sommes pas servilement soumis.

Une manière de s'imposer de nouvelles habitudes consiste à prévoir journellement un temps de partage au cours duquel chacun évoquera trois faits qu'il aura vécus ce jour-là et les émotions qu'ils auront suscitées. C'est ce que j'appelle « l'exigence quotidienne minimale » pour un mariage sain. Si vous commencez par suivre ce conseil, vous verrez qu'en quelques semaines ou quelques mois, le dialogue de qualité s'établira beaucoup plus facilement entre vous.

Activités de qualité

Le langage principal des moments de qualité se décline aussi dans le dialecte des activités de qualité. Lors d'un récent séminaire sur le mariage, j'ai demandé à des couples de compléter la phrase : « Je me sens le mieux aimé de mon mari/ma femme lorsque nous... » Voici la réponse d'un mari de vingt-neuf ans, marié depuis huit ans : « Je me sens le mieux aimé de ma femme lorsque nous pratiquons en commun des activités qui plaisent à l'un de nous deux. Dans ces moments, nous nous parlons davantage. Nous avons l'impression de retrouver l'époque de nos fiançailles. » C'est la réponse typique des conjoints pour qui les moments de qualité constituent le premier langage d'amour. L'accent porte sur le fait d'être ensemble, d'entreprendre des activités à deux, de s'accorder mutuellement une pleine attention.

Les activités en question peuvent inclure toutes celles auxquelles s'intéresse au moins un des deux conjoints. L'important est moins ce que vous faites que la raison pour laquelle vous le faites. Le but est de vivre ensemble une même expérience, d'en revenir avec la certitude : « Il s'intéresse à moi. Il a été prêt à entreprendre avec moi une activité qui me procure beaucoup de plaisir, et il l'a fait dans une attitude très positive. » Voilà de l'amour, et pour certains, c'est même l'expression la plus forte de l'amour.

Céline a grandi dans la symphonie. Toute son enfance en a été bercée, car la maison était toujours remplie de musique classique. Au moins une fois par an, elle assistait à un concert symphonique avec ses parents. De son côté, Laurent avait toujours été entouré de musique populaire. Il n'avait jamais écouté de concert, mais son poste de radio était réglé sur une station qui émettait de la musique légère à longueur de journée. Il considérait la musique symphonique comme réservée à une élite. S'il n'avait pas épousé Céline, il aurait passé toute sa vie sans jamais assister à un concert classique. Avant le mariage, lorsqu'il était tombé amoureux de la jeune fille, il avait accepté de l'accompagner au concert. Mais même dans son état sentimental d'amoureux euphorique, il lui avait dit : « Tu appelles cela de la musique ? » Il espérait bien qu'une fois marié, il n'aurait plus à renouveler l'expérience.

Mais lorsque, des années plus tard, il découvrit que Céline était sensible au langage d'amour qui s'exprimait par des moments de qualité, qu'elle comprenait particulièrement bien le dialecte des activités de qualité, et qu'une de ces activités consistait à écouter un concert symphonique, il décida de l'accompagner avec enthousiasme. Son intention était claire. Ce n'était pas d'assister au concert, mais de prouver son amour à Céline en parlant le langage d'amour qui lui était familier. Avec le temps, Laurent a fini par apprécier la symphonie et parfois même à aimer un mouvement ou deux. Il ne sera probablement jamais un grand mélomane, mais il a su trouver un moyen efficace pour communiquer son amour à Céline.

Parmi ces activités possibles, mentionnons pêle-mêle le jardinage, un tour au marché aux puces, une visite chez un antiquaire, un pique-nique dans la nature, une soirée au concert, une longue promenade, le lavage de la voiture ensemble par une journée d'été chaude et ensoleillée… En fait le champ d'activités est vaste ; seuls l'intérêt que vous leur portez et la volonté de tenter de nouvelles expériences en mesureront le nombre et la diversité.

Les ingrédients essentiels pour qu'une activité mérite le label « de qualité » sont :

- l'un des deux au moins désire l'entreprendre,
- l'autre accepte de s'y associer,
- les deux savent pourquoi ils la font : s'exprimer mutuellement leur amour en étant ensemble.

L'une des résultantes des activités de qualité est la constitution d'une banque de souvenirs dans laquelle les conjoints pourront puiser au cours des années ultérieures. Heureux le couple qui se souvient d'une promenade matinale le long de la côte, du printemps où mari et femme ont ensemble aménagé le jardin fleuri, où ils ont ramené quelques bolets en allant observer les écureuils en forêt ; ou encore, le premier match de football auquel ils sont allés à deux, la seule et unique fois où ils sont partis skier et où il est revenu avec la jambe dans le plâtre, les parcs d'attractions qu'ils ont fréquentés, les concerts écoutés ensemble, les cathédrales visitées ensemble, et puis cette cascade idyllique découverte soudain au détour d'un sentier de montagne, après deux bonnes heures de marche. Ce sont tous des souvenirs d'amour, surtout pour le conjoint qui considère les moments de qualité comme l'expression la plus éloquente de l'amour.

- Mais où trouver le temps pour de telles activités, surtout si les deux conjoints travaillent à l'extérieur ? Au même titre que nous prenons le temps de manger, nous devons prendre le temps que nous nous offrirons mutuellement.

- Pourquoi ? Parce que c'est aussi essentiel à la santé de notre mariage que la nourriture à la santé du corps.
- Est-ce difficile de prendre le temps nécessaire ? Oui.
- Cela exige-t-il de la réflexion et des dispositions particulières dans notre vie ? Oui.
- Faut-il pour cela renoncer à certaines activités plus personnelles et plus individuelles ? Peut-être.
- Le jeu en vaut-il la chandelle ? Sans aucun doute.
- Cela signifie-t-il qu'il faut faire certaines choses que nous n'aimons pas particulièrement ? Certainement.
- Quel profit vais-je en tirer ? Le plaisir de vivre avec un conjoint qui se sent aimé, et de savoir que j'ai appris à exprimer couramment mon amour dans la langue qu'il comprend le mieux.

Un grand merci à Jérôme et Sonia qui m'ont enseigné le premier langage de l'amour, celui des paroles valorisantes, et le deuxième langage, celui des moments de qualité. C'est à travers mes études d'anthropologie que j'ai découvert le troisième langage.

Chapitre 6

Les cadeaux

J'ai étudié l'anthropologie à Chicago. La littérature ethnographique m'a permis de rencontrer des peuples fascinants à travers le monde. Je suis allé en Amérique centrale et j'ai étudié les civilisations avancées des Mayas et des Aztèques. J'ai traversé le Pacifique pour étudier les peuplades de Mélanésie et de Polynésie. J'ai découvert et approfondi mes connaissances sur les Esquimaux des toundras du Nord, et les aborigènes aïnous du Japon. Je me suis penché sur les coutumes culturelles concernant le mariage et l'amour, et j'ai constaté que dans toutes les cultures examinées les cadeaux faisaient partie intégrante de la conception du mariage et de l'amour.

Les anthropologues sont passionnés par les modèles qui se retrouvent dans toutes les cultures. C'est mon cas. Se peut-il que l'offrande de cadeaux soit une expression fondamentale de l'amour, qui transcende toutes les barrières culturelles ? Le comportement d'amour s'accompagne-t-il toujours du concept du don ? Ce sont là des questions relativement théoriques et philosophiques, mais si la réponse est oui, on en constate de profondes répercussions sur la pratique des couples occidentaux.

L'anthropologie m'a amené à faire un voyage en groupe sur l'île de la Dominique. Notre but était d'étudier la culture des Indiens caraïbes. C'est là-bas que je rencontrai Fred. Ce n'était pas un Caraïbe, mais un jeune homme noir de vingt-huit ans. Il avait perdu une main à la suite d'un accident de pêche à la dynamite. Depuis, il ne pouvait plus exercer son métier de pêcheur. Il disposait donc de tout son temps, et j'appréciai énormément sa compagnie. Nous avons passé des heures à discuter de son environnement culturel.

Lors de ma première visite à son domicile, Fred me proposa du jus de fruit.

J'acceptai avec enthousiasme. Il se tourna alors vers son jeune frère et lui recommanda :

— Va chercher un jus de fruit pour notre ami.

Le garçon sortit, prit le sentier boueux, grimpa sur un cocotier et revint avec une noix de coco verte.

— Ouvre-la, lui demanda Fred.

En trois coups de machette bien ajustés, le jeune homme pratiqua une ouverture triangulaire au sommet de la noix de coco. Fred me tendit le fruit en disant :

— Voici votre jus.

Il était encore vert, mais je le bus jusqu'à la dernière goutte parce que je savais que c'était un don inspiré par l'amour. J'étais son ami, et la coutume voulait qu'on donne du jus de fruit à ses amis.

À la fin des quelques semaines passées ensemble, au moment où je m'apprêtais à quitter cette petite île, Fred me donna un autre gage de son amitié. C'était un bout de bois de forme tourmentée d'environ trente-cinq centimètres de long, qu'il avait trouvé dans l'océan. À force d'être ballotté de récif en récif, il était devenu lisse comme de la soie. Fred me déclara que ce bâton avait séjourné longtemps sur les plages de la Dominique, et qu'il tenait à ce que je le garde en souvenir de cette île merveilleuse. Aujourd'hui encore, lorsque je regarde ce morceau de bois, j'entends presque le bruit des vagues déferlant sur les plages. Mais c'est plus un symbole d'amitié qu'un souvenir de l'île.

Un cadeau est quelque chose que vous pouvez tenir dans votre main en vous disant : « Regarde, il a pensé à moi » ou « Elle s'est souvenue de moi ». Il faut penser à la personne en question pour lui offrir un présent. Le cadeau n'en est que le symbole. Sa valeur marchande n'a aucune espèce d'importance. Ce qui compte, c'est qu'on ait pensé à vous. Plus que la pensée venue à l'esprit, c'est la pensée exprimée par le geste qui est l'expression de l'amour.

Les mamans se souviennent du jour où leur enfant leur a offert une fleur cueillie dans le jardin. Elles se sentaient aimées, même si elles préféraient peut-être que la fleur ne soit pas arrachée. Dès leur plus jeune âge, les enfants sont enclins à faire des cadeaux à leurs parents. N'est-ce pas une indication supplémentaire que l'amour ne peut être dissocié de son expression par le don d'un présent ?

Les cadeaux sont des symboles visibles de l'amour. Dans presque toutes les cérémonies de mariage, il y a échange des alliances. Lorsque les futurs époux choisissent de se marier à l'église, le président de cérémonie prononce très souvent des paroles telles que : « Ces alliances sont les signes extérieurs et visibles d'un lien intérieur et spirituel qui unit éternellement vos deux cœurs. » Ce ne sont pas des paroles creuses. Elles expriment une profonde vérité, car les symboles ont une portée émotionnelle. Cet aspect est d'ailleurs souligné de façon plus dramatique lorsque le mariage bat de l'aile et que le mari ou la femme cesse de porter son alliance. C'est le signe tangible que l'union conjugale est sérieusement menacée. Un mari me dit : « Quand elle a jeté son alliance et qu'elle est sortie furieuse en claquant la porte derrière elle, j'ai compris que notre mariage était mal parti. Pendant deux jours, j'ai refusé de ramasser l'alliance. Quand je l'ai finalement fait, je me suis mis à pleurer de façon incontrôlable. » Les anneaux étaient le symbole de ce qui aurait dû être, mais placée dans la main du mari au lieu d'être au doigt de l'épouse, l'alliance jetée était la preuve visible que le mariage se disloquait. La vue de cet anneau fit naître de profondes émotions chez le mari.

Tout le monde n'attache pas une importance égale aux symboles visibles. C'est pourquoi les individus n'adoptent pas forcément la même attitude par rapport aux alliances. Certains n'ôtent jamais leur alliance après le mariage. D'autres n'en portent jamais. Cela montre que les gens ne parlent pas tous le même langage pour exprimer leur amour. Si le fait de recevoir un cadeau traduit naturellement pour moi l'amour que l'on me porte, j'attacherai beaucoup d'importance à l'alliance qui m'est offerte, et je la mettrai à mon doigt avec fierté. Je serai également très touché par les cadeaux que je recevrai au fil des ans. Je les considérerai comme des expressions d'amour à mon égard. Sans ces marques visibles, je douterais de l'amour que l'on prétend me porter.

Les cadeaux peuvent revêtir toutes les tailles, toutes les couleurs, toutes les formes. Ils peuvent être onéreux, ou d'une somme modique. En général, les personnes sensibles aux cadeaux attachent relativement peu d'importance au prix payé, sauf peut-être s'il jure avec les moyens financiers de la personne qui l'offre. Si un millionnaire offre régulièrement des cadeaux peu coûteux, son conjoint aura des raisons de se demander s'il l'aime véritablement. Mais pour une personne dont les ressources sont très limitées, un cadeau de quelques euros peut exprimer des millions d'euros d'amour.

Les cadeaux peuvent être achetés, trouvés ou confectionnés. Le mari qui arrête sa voiture le long de la route pour cueillir une fleur sauvage et l'offrir à sa femme a trouvé un moyen peu coûteux mais ô combien romantique d'exprimer un grand amour, sauf évidemment si sa femme est allergique à ces fleurs ! Un mari peut également acheter une carte pour deux euros. Celui qui ne pourrait vraiment pas dépenser cette somme, peut en fabriquer une qui ne coûte rien. Il suffit de prendre n'importe quelle feuille de papier, blanche ou de couleur, de la plier en deux, de dessiner un cœur par exemple, d'écrire : « Je t'aime » et de signer. Il n'est pas nécessaire que les cadeaux soient chers.

Et si vous ne vous sentez pas doué pour cette forme de don ? Vous vous dites peut-être : « Je ne suis pas capable d'offrir des cadeaux. Je n'en ai pas reçu beaucoup dans mon enfance. Je n'ai jamais appris à choisir ce qui ferait plaisir. Cela ne m'est pas du tout naturel. » Félicitations, car vous venez de faire une découverte fondamentale qui vous aidera à devenir un conjoint aimant. Vous avez pris conscience du fait que votre conjoint et vous n'êtes pas sensibles au même langage du cœur. Maintenant que vous le savez, faites tout pour apprendre une deuxième langue, celle que comprend votre conjoint. S'il est sensible aux cadeaux, vous pouvez devenir expert dans l'art d'en offrir. En fait, c'est un des langages d'amour les plus faciles à maîtriser.

Par où commencer ? Dressez la liste de tous les cadeaux que votre conjoint a reçus au fil des ans et devant lesquels il s'est extasié. Des cadeaux offerts par vous-même, par des parents ou par des amis. Cette liste vous donnera une idée du genre de présents qui lui feraient plaisir. Si vous n'avez vraiment aucune idée de ses goûts, ou si vous ne savez pas choisir, faites-vous aider par un membre de la famille qui connaît bien votre conjoint. En attendant, optez pour des cadeaux qu'il vous est facile d'acheter, de faire ou de trouver et offrez-les-lui. Nul besoin d'une occasion spéciale pour agir ainsi. Si son cœur est sensible aux présents, pratiquement tout ce que vous lui offrirez sera perçu comme l'expression de votre amour. En revanche, si votre conjoint s'est montré critique jusque-là et s'il n'a jamais apprécié vos cadeaux, vous pouvez vous dire que le langage des cadeaux ne correspond certainement pas à son premier langage d'amour.

Cadeaux et argent

Si vous aspirez à devenir un expert en matière de cadeaux, vous devrez probablement modifier votre attitude à l'égard de l'argent. Chacun a une conception très personnelle sur le rôle de ce dernier, et les émotions qui lui sont associées varient d'un individu à l'autre. Certains sont enclins à dépenser facilement, et ils se sentent bien quand ils peuvent le faire. D'autres ont un penchant pour l'économie. Ils éprouvent de la satisfaction quand ils ont pu mettre de l'argent de côté ou qu'ils ont pu l'investir avec sagesse.

Si vous êtes plutôt d'un tempérament dépensier, vous n'aurez pas de difficulté à faire des cadeaux à votre conjoint. En revanche, si vous êtes économe, vous devrez surmonter quelques résistances émotionnelles lorsque vous voudrez lui acheter un présent comme gage de votre amour. Si vous êtes peu dépensier pour vous-même, pourquoi l'être pour votre conjoint ? En raisonnant ainsi, vous montrez que vous avez le sentiment d'acheter quelque chose pour vous. En économisant et en investissant votre argent, vous achetez en quelque sorte une image de marque et un repos d'esprit. Par votre façon de gérer l'argent, vous répondez à vos besoins émotionnels. Vous ne répondez pas à ceux de votre conjoint. Lorsque vous aurez compris qu'il est particulièrement sensible au langage des cadeaux, vous saurez qu'en lui en achetant, vous faites le meilleur investissement qui soit. Vous utilisez votre argent à l'amélioration et à l'approfondissement de votre relation sentimentale en remplissant le réservoir émotionnel de votre partenaire. Lorsque son réservoir sera plein, il saura mieux exprimer son amour dans votre langage privilégié. Lorsque les besoins affectifs des deux époux sont satisfaits, leur mariage prend une toute nouvelle dimension. Ne vous inquiétez pas à propos de vos économies car vous y gagnerez toujours. En résumé, en investissant dans une forme d'amour compréhensible pour votre conjoint, vous faites un investissement rentable.

Le don de soi

Il existe un cadeau qui parle mieux que n'importe quel autre objet qui tient dans la main : c'est le don de soi, ou le don de sa présence. Le fait d'être là quand votre conjoint a besoin de vous est d'une valeur inestimable pour celui qui comprend bien le langage des cadeaux.

Élodie me dit un jour :

— Franck, mon mari, préfère le football à moi.

— Qu'est-ce qui vous fait dire cela ? demandai-je.

— Le jour où notre bébé est né, il jouait au foot. Je suis restée seule à l'hôpital tout l'après-midi pendant qu'il pratiquait son sport favori.

— Était-il près de vous lorsque votre enfant est venu au monde ?

— Oui. Il est resté là durant tout l'accouchement, mais dix minutes après la naissance, il est parti sur le terrain. Cela m'a fait une peine immense. Cette naissance marquait un moment tellement important dans notre vie ! J'aurais aimé que nous le vivions ensemble. J'aurais souhaité qu'il reste auprès de moi. Mais Franck m'a laissée seule pour aller jouer.

Ce mari aurait pu envoyer une douzaine de roses, elles n'auraient certainement pas eu autant d'effet que sa simple présence dans la chambre d'hôpital. Je dois dire qu'Élodie a été traumatisée par cette expérience. Le bébé en question avait quinze ans au moment de notre entretien, mais elle me parla de sa naissance avec autant d'émotion que si elle s'était produite la veille. Je poursuivis donc mon investigation.

— Est-ce d'après ce seul épisode que vous avez tiré la conclusion que Franck préférait le football à vous ?

— Oh non ! Le jour des obsèques de ma mère, il a également préféré jouer au football.

— A-t-il assisté à l'enterrement ?

— Oui. Il est venu, mais dès que la cérémonie a été terminée, il s'est éclipsé pour aller jouer. J'ai eu du mal à l'accepter. Mes frères et sœurs sont venus à la maison, mais mon mari, lui, était sur le terrain de sport.

Plus tard, j'interrogeai Franck à propos de ces deux événements. Il comprit tout de suite de quoi je voulais parler.

— Je savais qu'elle mettrait ce sujet sur le tapis, me dit-il. J'étais auprès d'elle pendant tout le temps où elle était en travail et lors de l'accouchement. J'ai même pris des photos. J'étais si heureux ! J'étais impatient de faire part de cette grande nouvelle à mes copains de l'équipe. Mais quand je suis retourné à l'hôpital le même soir, quelle désillusion ! Élodie était en colère contre moi. J'avais du mal à croire ce qu'elle me disait. Je pensais qu'elle aurait dû être fière que j'aille l'annoncer à l'équipe.

— Et quand sa mère est morte ? Elle ne vous a certainement pas dit que j'ai pris des congés une semaine avant sa mort et que j'ai passé cette semaine à son chevet à l'hôpital ou dans sa maison à effectuer des réparations. Après le décès et les obsèques, j'ai estimé avoir accompli mon devoir. J'avais besoin de souffler un peu. J'aime beaucoup le football et je savais que ce sport me détendrait et atténuerait quelque peu la tension dans laquelle j'avais vécu. Je me disais que ma femme trouverait bon que je m'évade un peu.

J'ai fait tout ce qui me semblait important à ses yeux, mais cela n'était pas suffisant. Elle n'a jamais rien fait pour que j'oublie ces deux événements. Elle prétend que je préfère le football à elle. C'est ridicule.

Franck était un mari sincère qui ignorait l'extraordinaire pouvoir de la présence. Sa femme tenait plus que tout à ce qu'il soit à ses côtés. Dans les moments de crise, la présence physique est le cadeau le plus efficace que vous puissiez donner si votre conjoint est sensible au langage des cadeaux. Votre corps devient le symbole de votre amour. Ôtez le symbole, et la sensation d'amour disparaît.

Dans le cadre de la relation d'aide, Franck et Élodie firent face aux blessures et aux incompréhensions du passé. En fin de compte, Élodie put pardonner à son mari, et Franck parvint à comprendre pourquoi sa présence physique était si importante pour sa femme.

Si la présence corporelle de votre conjoint revêt beaucoup de prix à vos yeux, je vous encourage à le lui dire. N'attendez pas qu'il lise dans vos pensées. Et si votre mari ou votre femme vous exprime : « J'aimerais sincèrement que tu restes là avec moi ce soir, ou demain, ou cet après-midi », prenez cette requête au sérieux même si elle ne vous semble pas importante car il ou elle risque de comprendre un message que vous n'aviez nullement l'intention de communiquer.

Un mari me raconta un jour :

— Lorsque ma mère mourut, le supérieur de ma femme lui permit de s'absenter deux heures pour assister aux funérailles, mais exigea qu'elle soit de retour au bureau dès le début de l'après-midi. Ma femme lui répondit qu'à son avis son mari avait réellement besoin de sa présence réconfortante ce jour-là et qu'elle ne reviendrait pas au bureau.

Son chef lui dit : « Si vous vous absentez toute la journée, cela pourrait avoir des conséquences négatives sur votre carrière. » Mon épouse lui rétorqua : « Mon mari a pour moi plus d'importance que mon travail »… et elle passa la journée avec moi. Ce jour-là, je me suis senti aimé comme jamais auparavant. Soit dit en passant, cette absence ne changea rien à sa carrière.

Son supérieur fut muté et la direction lui demanda de prendre sa place.

Cette femme avait su employer le langage sentimental le mieux compris de son mari, et celui-ci ne l'oublia jamais.

Presque tout ce qui a jamais été écrit sur le thème de l'amour montre qu'au cœur de ce puissant sentiment se trouve l'esprit de don. Les cinq langages par lesquels l'amour s'exprime incitent à donner au conjoint, mais certains hommes et femmes estiment que le langage des cadeaux est la plus éloquente expression de l'amour. J'en eus la plus belle illustration lorsque je fis la connaissance de Thomas et Laura.

Ils avaient participé à mon séminaire sur le mariage et avaient proposé, à l'issue de ces conférences, de me raccompagner à l'aéroport le samedi après-midi. Comme je disposais de deux ou trois heures avant mon vol, ils m'invitèrent au restaurant. Je ne demandais pas mieux car à vrai dire j'étais affamé. Mais cet après-midi-là, je savourai bien plus qu'un repas.

Lorsque Thomas et Laura me racontèrent leur histoire, quinze ans de mariage s'étaient déjà écoulés, et leur famille comptait trois enfants. Nous venions à peine de nous asseoir que Laura prit la parole :

— M. Chapman, nous avons voulu vous accompagner à l'aéroport pour vous raconter notre miracle.

Chaque fois que j'entends le mot « miracle », je me raidis, surtout si je ne connais pas bien la personne qui le prononce. Quel récit étrange vais-je encore entendre ? me demandai-je. Je gardai évidemment mes pensées pour moi et accordai toute mon attention à Laura. Une surprise de taille m'attendait.

— M. Chapman, poursuivit-elle, vous avez accompli un véritable miracle dans nos vies.

Je me sentais déjà coupable. Quelques instants plus tôt, j'avais des doutes sur le bon emploi du mot « miracle » dans la bouche de Laura ; maintenant, je découvrais que dans son esprit, j'avais été l'agent du miracle. J'écoutai donc plus attentivement encore.

— Il y a trois ans, nous avons participé pour la première fois à votre séminaire sur le mariage. J'étais désespérée. J'envisageais alors sérieusement de quitter Thomas, et je lui avais fait part de mon intention. Notre mariage était insipide depuis bien longtemps. J'avais abandonné. Pendant des années, je m'étais plainte à Thomas de son manque d'amour à mon égard. Il ne réagissait pas. J'aimais les enfants et je savais qu'ils m'aimaient en retour. Mais je ne sentais rien de tel de la part de mon mari. J'en étais même arrivée à le haïr. Je détestais son esprit méthodique qui le poussait à tout faire par routine. Il était aussi prévisible qu'une horloge et personne ne pouvait modifier son rythme.

Pendant des années, je me suis efforcée d'être une bonne épouse. Cuisine, lessive, repassage, et de nouveau cuisine, lessive, repassage. Je faisais tout ce qu'une bonne épouse est censée accomplir à la maison. Je continuai également à avoir des rapports sexuels avec mon mari parce que je savais que c'était important pour lui, mais je ne ressentais aucun amour de sa part. J'avais l'impression qu'après notre mariage, il avait cessé de me courtiser en considérant comme un fait acquis que j'étais sienne. Je me sentais exploitée et dépréciée.

Quand j'ai fait part à Thomas de ce que j'éprouvais, il s'est moqué de moi en rétorquant que notre mariage était aussi réussi que celui de n'importe qui dans notre entourage. Il n'arrivait pas à comprendre pourquoi j'étais tellement malheureuse. Il m'a rappelé qu'il payait les factures, que nous avions une superbe maison et une belle voiture, que j'étais libre d'aller travailler à l'extérieur si je le désirais, que je devais être heureuse et cesser de me plaindre à longueur de journée. Il n'a même pas essayé de comprendre mes sentiments. Je me sentais totalement rejetée.

Bref, poursuivit-elle en remuant son thé et en se penchant en avant, nous sommes venus à votre séminaire il y a trois ans. Nous n'avions jamais participé à un séminaire sur le mariage auparavant. J'ignorais ce qui nous attendait, et pour être franche, je n'en espérais pas grand-chose. Je ne pensais d'ailleurs pas que quelqu'un puisse changer mon mari. Pendant la durée du séminaire et après, Thomas a peu parlé. Il semblait cependant apprécier. Il vous trouvait amusant. Mais il n'a discuté avec moi d'aucune des idées émises. Je ne m'attendais pas à ce qu'il le fasse, aussi ne lui ai-je rien demandé. Comme je l'ai déjà dit, j'avais renoncé.

Le séminaire a pris fin un samedi après-midi. Le samedi soir et le dimanche se sont déroulés comme d'habitude. Mais le lundi, Thomas est revenu du travail avec une rose. « Qui te l'a donnée ? » demandai-je. « Je l'ai achetée à un fleuriste au bord de la rue ! Je me suis dit que tu méritais une rose. » J'ai fondu en larmes. « Oh, Thomas, c'est si gentil de ta part ! »

Le mardi, il m'a téléphoné de son bureau vers une heure et demie pour me demander ce que je pensais de son idée d'acheter une pizza en rentrant pour le souper.

Il m'a dit que j'apprécierais sans doute de n'avoir pas de repas à préparer. Je lui ai répondu que je trouvais son idée géniale. Il est donc revenu avec la pizza et nous avons passé un délicieux moment en famille. Les enfants sont très friands de pizza, et ils ont remercié vivement leur père d'en avoir apporté. Je l'ai embrassé en lui disant combien j'appréciais son geste.

En rentrant le vendredi soir, il a ramené à chacun des enfants un sachet de pop-corn au caramel et une plante verte pour moi. Il m'a expliqué que des fleurs coupées ne dureraient pas et qu'une plante me ferait peut-être plus plaisir. Je commençais à me demander si je n'avais pas des hallucinations ! Je n'arrivais pas à comprendre ce que Thomas faisait ni pourquoi il le faisait. Le mardi suivant après le souper, il m'a remis une carte comportant quelques mots. Il reconnaissait qu'il était maladroit pour exprimer de vive voix son amour pour moi, mais il voulait que je sache combien il pensait à moi. Une fois de plus, son geste m'émut. Je me suis jetée dans ses bras et l'ai embrassé tendrement. « Pourquoi ne demanderions-nous pas à une baby-sitter de venir garder nos enfants samedi soir, afin que nous puissions aller au restaurant tous les deux? » a-t-il suggéré. « Ce serait merveilleux ! » me suis-je empressée de répondre. Vendredi après-midi, il s'est arrêté à la pâtisserie et nous a ramené à chacun nos gâteaux préférés. Il nous en a fait la surprise au moment du dessert.

Samedi soir, j'étais survoltée. Je me demandais ce qui avait bien pu lui arriver, et si cela allait continuer. Mais je jouissais intensément de chaque instant. Après un succulent repas au restaurant, je lui ai demandé : « Dis-moi ce qui t'est arrivé. Je ne comprends pas. »

Laura me regarda fixement et ajouta :

— M. Chapman, il faut que vous compreniez. Cet homme ne m'avait jamais offert la moindre fleur depuis notre mariage. Il ne m'avait jamais écrit de carte, à aucune occasion. Il prétendait toujours : « C'est de l'argent gaspillé ; une fois que tu as vu et lu la carte, tu la jettes. » Nous sommes allés une seule fois au restaurant en cinq ans. Jamais il n'avait rapporté quoi que ce soit aux enfants, et il veillait à ce que je n'achète que des choses essentielles. Jamais il n'était rentré avec un plat cuisiné pour le souper ; il s'attendait toujours à ce que le repas soit prêt à son retour du travail. Vous comprenez pourquoi je n'en revenais pas. Thomas était métamorphosé.

Je me tournai vers le mari :

— Qu'avez-vous répondu à Laura quand, au restaurant, elle vous a demandé ce qui vous était arrivé ?

— D'abord, que j'avais bien écouté vos conférences sur les langages de l'amour et que j'avais compris qu'elle était particulièrement sensible à celui des cadeaux. J'ai également pris conscience de ne pas lui avoir fait de cadeaux depuis des années, peut-être même depuis notre mariage. Lorsque nous étions fiancés, j'avais l'habitude de lui offrir des fleurs ou d'autres petits présents, mais après le mariage, j'ai estimé que nous ne pouvions plus nous permettre ces dépenses. Après vous avoir écouté, j'ai décidé de lui offrir quelque chose chaque jour pendant une semaine pour voir si cela changerait ses sentiments. Il faut reconnaître que j'ai constaté une énorme différence dans son attitude durant cette semaine.

Je lui ai également répondu que j'avais trouvé vos conseils vrais et judicieux et que la connaissance du langage d'amour compris par l'autre était indispensable pour qu'il se sente aimé. Je lui ai fait part de mon regret d'avoir été si dur pendant les années passées et j'ai reconnu avoir négligé de répondre à ses besoins affectifs. J'ai ajouté que je l'aimais sincèrement et que j'appréciais hautement tout ce qu'elle faisait pour moi et pour les enfants. J'ai pris devant elle l'engagement d'être un époux plus attentionné pendant le restant de mes jours.

Elle m'a dit : « Mais Thomas, tu ne peux tout de même pas m'offrir des cadeaux tous les jours de ta vie ! Notre budget ne résistera pas ! » Peut-être pas tous les jours, ai-je rétorqué, mais au moins une fois par semaine. Chaque année, cela fera toujours cinquante-deux cadeaux de plus que ce que tu as reçu au cours des cinq dernières années ! Et qui dit que je vais les acheter tous ? Je pourrai très bien en confectionner quelques-uns ou reprendre de temps à autre la merveilleuse idée de M. Chapman : te rapporter une fleur que j'aurai cueillie dans le jardin à la belle saison.

Laura l'interrompit :

— M. Chapman, je ne crois pas qu'il ait manqué à sa parole depuis. Il est un homme nouveau. Vous ne pouvez pas vous imaginer à quel point nous sommes heureux. Nos enfants nous qualifient de tourtereaux. Mon réservoir est non seulement plein, mais il déborde.

Je me tournai vers Thomas et lui demandai :

— Et vous, Thomas, vous sentez-vous aimé par Laura ?

— Je me suis toujours senti aimé d'elle, M. Chapman. Elle est la meilleure épouse qui soit. C'est une excellente cuisinière. Elle prend grand soin de mes vêtements ;

ils sont toujours propres et bien repassés. Elle s'occupe admirablement des enfants. Et je sais qu'elle m'aime.

Il sourit et ajouta :

— Maintenant, vous devinez à quel langage d'amour je suis le plus sensible, n'est-ce pas ?

Oui, je l'avais découvert et je savais pourquoi Laura avait employé le mot « miracle ».

Les cadeaux n'ont pas besoin d'être coûteux ; ils n'ont pas besoin non plus d'être hebdomadaires. Pour certaines personnes, ils n'ont rien à voir avec la valeur marchande, et tout à voir avec l'amour.

Au chapitre 7, nous préciserons le langage d'amour familier de Thomas.

Chapitre 7
Les services rendus

Avant de quitter ce couple sympathique, revenons à la réponse que Thomas a donnée à ma question :

— Vous sentez-vous aimé de Laura ?

— Je me suis toujours senti aimé d'elle, M. Chapman. Elle est la meilleure épouse qui soit. C'est une excellente cuisinière. Elle prend grand soin de mes vêtements ; ils sont toujours propres et bien repassés. Elle s'occupe admirablement des enfants. Et je sais qu'elle m'aime.

Le langage d'amour auquel Thomas était particulièrement sensible était celui des services rendus. J'entends par là toutes les aides qui, à votre connaissance, feraient plaisir à votre conjoint. Vous vous efforcez de lui être agréable en lui rendant service ; votre façon de lui exprimer votre amour consiste à le décharger en faisant certaines choses pour lui.

Des services comme cuisiner, mettre la table, laver la vaisselle, passer l'aspirateur, nettoyer un meuble, déboucher un évier, ôter les éclaboussures sur le miroir, gratter les moucherons collés sur le pare-brise, sortir la poubelle, changer les couches du bébé, repeindre la chambre à coucher, épousseter les étagères, entretenir la voiture, tondre le gazon, désherber les plates-bandes, ratisser les feuilles mortes, nettoyer les lames du store vénitien, promener le chien, changer la litière du chat, renouveler l'eau de l'aquarium, tout cela constitue des services rendus. Ils exigent tous de la réflexion, de l'organisation, du temps, de l'effort et de l'énergie. S'ils sont accomplis dans un esprit positif, ils sont d'authentiques expressions d'amour.

Jésus a parfaitement illustré ce principe de l'amour témoigné par le service rendu lorsqu'il a lavé les pieds de ses disciples. Dans une culture où les gens portaient des sandales et marchaient sur des chemins poussiéreux, il était du devoir du serviteur de la maison de laver les pieds des invités à leur arrivée. Jésus, qui avait enseigné à ses disciples à s'aimer les uns les autres, leur a montré comment exprimer cet amour de façon concrète, en prenant une cuvette et une serviette et en leur lavant les pieds[1]. Après cette simple démonstration, il les a encouragés à suivre son exemple.

Quelque temps auparavant, au cours de son ministère terrestre, Jésus avait déclaré que ceux qui voulaient être grands dans son royaume devaient

1. La Bible, Évangile de Jean 13.3-17.

se faire serviteurs. Dans la plupart des sociétés, les grands gouvernent les petits ; Jésus inverse cette hiérarchie en demandant aux grands de servir les petits. L'apôtre Paul résume cet enseignement : « Par amour, soyez serviteurs les uns des autres »[2].

J'ai découvert la portée des services rendus dans le petit village où j'ai grandi. À l'époque de l'histoire que je vais vous raconter, c'était encore une petite ville textile qui comptait 1 500 habitants. Je l'avais quittée dix ans auparavant pour mes études d'anthropologie, de psychologie et de théologie. Je n'y faisais qu'une apparition semestrielle pour garder contact avec mes racines.

Presque tous ceux que je connaissais, à l'exception du médecin et du dentiste, travaillaient dans l'usine textile. Le village comptait aussi, évidemment son église et son pasteur. Pour la plupart des couples, la vie gravitait autour du travail et de l'église. À l'usine, les conversations allaient bon train sur la dernière décision du directeur et sur l'impact qu'elle aurait sur le travail du personnel. À l'église, les sermons se focalisaient surtout sur les joies qui nous sont réservées au ciel. C'est dans ce petit village que j'ai découvert le quatrième langage de l'amour.

Je lisais sous un arbre, un dimanche après-midi, quand Marc et Marie se sont approchés de moi. Je ne les connaissais pas. Je supposais qu'ils avaient grandi là en mon absence. Marc se présenta, puis me dit :

2. La Bible, Épître aux Galates 5.13.

— Si j'ai bien compris, vous avez étudié la relation d'aide.

Je souris et répondis :

— Oui, un peu.

— J'ai une question à vous poser. Un couple peut-il réussir son mariage si les deux conjoints sont en désaccord sur tout ?

C'était l'une de ces questions abstraites qui s'enracinent pourtant dans le vécu de la personne. Je laissai de côté l'aspect théorique et posai une question personnelle à mon interlocuteur.

— Depuis combien de temps êtes-vous mariés ?

— Depuis deux ans. Et nous ne sommes d'accord sur rien.

— Par exemple ?

— Eh bien, Marie n'aime pas me voir partir à la chasse. Je travaille à l'usine toute la semaine, et quand arrive le samedi, j'aime chasser. Pas tous les samedis, mais au moins quand la chasse est ouverte.

Marie, qui avait gardé le silence jusque-là, intervint énergiquement.

— Quand la chasse est fermée, il va à la pêche ; mais il ne se contente pas d'aller à la chasse le samedi : il lui arrive de manquer le travail pour s'adonner à cette passion.

— Une ou deux fois par an, je prends deux ou trois jours de congé pour aller chasser dans les montagnes avec quelques copains. Je ne pense pas qu'il y ait du mal à cela.

— Quels sont les autres points de désaccord ? repris-je.

— Elle voudrait que je m'investisse dans toutes les activités de l'église. Je veux bien assister au culte le dimanche matin, mais en semaine, je préfère me reposer. Je ne vois aucun inconvénient à ce qu'elle y aille, mais je ne tiens pas à l'accompagner.

Marie bondit à nouveau.

— Ce n'est pas vrai. Tu ne veux pas que j'y aille. Tu râles chaque fois que je sors.

Malgré l'ombre de l'arbre sous lequel nous discutions, la température ambiante grimpait ! En tant qu'apprenti conseiller en relation d'aide, je craignis de ne pas pouvoir maîtriser longtemps la situation, mais comme j'avais appris l'art et la manière de poser des questions et d'écouter les réponses, je poursuivis.

— Quels sont les autres sujets sur lesquels vous n'êtes pas d'accord ?

Cette fois, ce fut Marie qui répondit :

— Il tient à ce que je reste toute la journée dans la maison et que je m'occupe des tâches ménagères. Il devient fou furieux si je vais rendre visite à ma mère ou si je pars faire des courses.

— Je ne m'oppose pas à ce qu'elle aille voir sa mère, rétorqua Marc, mais quand je rentre, j'aime que la maison soit propre. Certaines semaines, il lui arrive de ne pas faire le lit pendant trois ou quatre jours, et la moitié du temps, elle n'a même pas commencé à préparer le souper quand je reviens de l'usine. Sans compter que la maison n'est jamais impeccable. Les affaires du bébé traînent à même le sol, le bébé est sale. Or je n'aime ni le désordre ni la saleté. Quant à elle, elle semble être à son aise dans une porcherie. Nous ne possédons pas grand-chose, et nous vivons dans une petite maison qui appartient à l'usine, mais elle pourrait au moins la maintenir propre.

— Quel mal y aurait-il à ce qu'il m'aide ? demanda Marie. Il agit comme si un mari ne devait surtout pas donner de coup de main à sa femme dans les travaux domestiques. Il se contente de faire son travail à l'usine et d'aller à la chasse, et se décharge sur moi de tout le reste. Il voudrait même que je lave la voiture.

Pensant que je ferais mieux de chercher des solutions plutôt que de continuer à fureter dans leurs désaccords, je regardai Marc et lui demandai :

— Avant le mariage, quand vous avez commencé à sortir ensemble, alliez-vous à la chasse tous les samedis ?

— Presque tous les samedis effectivement, mais je rentrais à temps pour la voir. Le plus souvent, je revenais assez tôt pour pouvoir laver ma voiture avant d'aller la retrouver. J'avais horreur de me rendre chez ma fiancée avec une voiture sale.

— Marie, quel âge aviez-vous quand vous vous êtes mariée ?

— Dix-huit ans. Nous nous sommes mariés dès que j'ai quitté le lycée. Marc avait terminé un an avant moi, et il avait déjà du travail.

— Quand vous étiez en Terminale, à quelle fréquence Marc venait-il vous voir ?

— Presque tous les soirs. En fait, il arrivait souvent en fin d'après-midi et dînait souvent avec nous en famille. Il m'aidait d'abord dans les tâches ménagères, ensuite nous nous installions dans les fauteuils et nous bavardions en attendant l'heure du repas.

— Marc, que faisiez-vous tous les deux après le dîner ?

Il me regarda d'un air embarrassé et répondit :

— Tout simplement ce que font généralement les fiancés !

— Mais quand j'avais des devoirs pour l'école, il m'aidait, intervint Marie. Il nous arrivait aussi de travailler ensemble des heures sur un projet. Par exemple, j'étais responsable de décorer le char pour le défilé de Noël. Marc m'a aidée tous les après-midi pendant trois semaines. Il a été formidable.

Je décidai d'aborder leur troisième terrain de conflits.

— Marc, lorsque vous étiez fiancés, alliez-vous avec Marie à l'église en semaine ?

— Oui. Si je n'allais pas à l'église ces soirs-là, je n'avais pas le droit de la voir. Son père était intransigeant sur ce point.

— Marc ne s'en est jamais plaint, dit la jeune femme.

Je commençais à y voir clair, mais je n'étais pas sûr qu'il en soit de même pour Marc et Marie. Je m'adressai à Marie :

— Quand vous fréquentiez Marc, qu'est-ce qui vous faisait croire qu'il vous aimait ? Qu'est-ce qui le rendait différent des autres garçons que vous aviez connus ?

— C'était sa façon de m'aider en tout. Il était toujours prêt à m'assister dans ce que je faisais. Aucun de mes précédents copains n'avait jamais manifesté le moindre désir de partager mes occupations. Marc, lui, trouvait cela tout naturel. Il m'aidait même à faire la vaisselle à la fin du repas. Il était vraiment le garçon le plus merveilleux que j'aie rencontré, mais il a radicalement changé après notre mariage. Il ne m'a plus aidée du tout.

Je demandai à Marc :

— À votre avis, pourquoi, avant d'être marié, faisiez-vous tout cela dans l'intérêt de Marie et avec elle ?

— Parce que ça me semblait normal ; c'est ce que j'aurais attendu d'une personne qui déclare m'aimer.

— Pourquoi avoir alors cessé de l'aider après le mariage ?

— Parce que je voulais que tout se fasse comme chez mes parents. Papa travaillait à l'extérieur et Maman s'occupait du foyer. Je n'ai jamais vu mon père passer l'aspirateur, faire la vaisselle ou d'autres tâches domestiques. Comme ma mère n'avait pas besoin de quitter la maison, c'est elle qui cuisinait, lavait le linge, repassait... bref, tenait tout en ordre. Je m'imaginais sans doute que c'était ainsi que les choses devaient se passer dans un couple.

Espérant que Marc commençait à voir ce qui m'apparaissait de plus en plus clairement, je lui ai posé une autre question :

— Il y a quelques minutes, qu'a répondu Marie quand je lui ai demandé ce qui lui prouvait votre amour pendant la période des fiançailles ?

— Le fait que je l'aidais dans certains travaux.

— Pouvez-vous comprendre maintenant, poursuivis-je, pourquoi elle a pu se sentir privée d'amour à partir du moment où vous avez cessé de lui apporter votre concours dans les travaux ménagers ?

Il hocha la tête. Je continuai.

— Vous trouviez normal après le mariage de suivre l'exemple de vos parents. Nous avons tous tendance à agir ainsi, mais votre attitude à l'égard de Marie tranchait radicalement avec celle du début de votre relation. La chose essentielle qui lui donnait l'assurance de votre amour a disparu presque du jour au lendemain.

Je me tournai vers Marie :

— Que m'a répondu Marc quand je lui ai demandé pourquoi il vous donnait tous ces coups de main pendant vos fiançailles ?

— Que cela lui semblait tout naturel.

— C'est vrai, et il a ajouté que c'est ainsi qu'il aurait souhaité qu'une personne qui l'aime se comporte avec lui. Il le faisait pour vous et avec vous, parce que selon lui, c'était une juste façon de démontrer l'amour. Lorsque vous vous êtes mariés et que vous avez vécu dans votre propre maison, il s'attendait à ce que vous vous acquittiez de toutes ces tâches si vous l'aimiez. Dans son esprit, votre amour pour lui aurait dû vous pousser à entretenir la maison, à cuisiner et à vous occuper du reste. Voyant que vous négligiez votre intérieur, comprenez-vous pourquoi il a pu se sentir privé de votre amour ?

À son tour, Marie hocha la tête. Je poursuivis.

— Je crois discerner un peu pourquoi vous êtes tous les deux malheureux : aucun de vous ne communique son amour à son conjoint en lui rendant des services.

— Je pense que vous avez raison, renchérit Marie. Si j'ai cessé d'entretenir la maison, c'est que j'avais perçu un esprit revendicatif chez Marc. C'est comme s'il avait voulu me rendre conforme à sa mère.

— Exact, et personne n'aime la contrainte. L'amour doit toujours être un don volontaire et gratuit. Il ne peut être exigé. Nous avons le droit de nous demander mutuellement certaines choses, mais jamais le droit de les exiger. Les requêtes orientent l'amour, mais les exigences le paralysent.

Marc intervint.

— Elle a raison, M. Chapman. J'étais exigeant vis-à-vis d'elle, et je me suis montré critique, parce que j'étais déçu par son attitude en tant qu'épouse. Je sais que j'ai prononcé des paroles cruelles, et je comprends pourquoi elle a pu être déçue à son tour.

— À partir de cette constatation, il me semble que la situation peut facilement s'améliorer, dis-je. [Je sortis deux fiches vierges de ma poche.] Essayons quelque chose. Je vous demande à chacun d'aller vous asseoir sur les marches de l'église et d'y dresser la liste de vos requêtes. Marc, énumérez trois ou quatre choses qui vous donneraient l'assurance d'être aimé si Marie les accomplissait. Si pour vous il est très important que votre lit soit fait, indiquez-le. Marie, notez à votre tour trois ou quatre services qui, si Marc vous les rendait, contribueraient à ce que vous vous sentiez aimée de lui. [Je dois avouer que j'affectionne beaucoup les listes ; elles nous obligent à raisonner de façon concrète.]

Au bout de cinq à six minutes, ils me rendirent leur fiche. Sur celle de Marc, je lus :

- Que les lits soient faits tous les jours.
- Que la frimousse du bébé soit propre quand je rentre du travail.
- Que les chaussures de Marie soient rangées dans le placard à mon retour.
- Qu'elle ait au moins commencé à préparer le dîner avant mon retour, pour que nous puissions nous mettre à table au plus tard entre une demi-heure et trois quarts d'heure après.

Je la lus à voix haute et dis à Marc :

— Vous déclarez donc que si Marie décide de s'acquitter de ces quatre tâches, vous les considérerez comme des expressions de son amour pour vous.

— C'est cela, répondit-il. Si elle accomplit ces services, je m'engage à changer d'attitude envers elle.

Je pris ensuite la liste de Marie :

- Je souhaite qu'il lave la voiture toutes les semaines au lieu d'attendre que je le fasse.

- Je souhaite qu'il change les couches du bébé quand il rentre le soir, surtout si je suis occupée à préparer le repas.
- Je souhaite qu'il passe l'aspirateur dans la maison une fois par semaine.
- Je souhaite qu'en été il tonde le gazon toutes les semaines, et qu'il ne le laisse pas pousser au point de nous faire honte devant les voisins.

— Marie, dis-je, si Marc accomplit ces travaux, les considérerez-vous comme d'authentiques expressions de son amour pour vous ?

— Oui, répondit-elle. Je serai ravie s'il veut bien me rendre ces services.

— Cette liste vous paraît-elle raisonnable, Marc ? Si vous l'acceptez, trouverez-vous le temps d'aider votre femme dans ces domaines ?

— Oui.

— Marie, les désirs exprimés par Marc vous paraissent-ils de l'ordre du faisable ? À condition de le vouloir, pourrez-vous les exaucer ?

— Oui. Je suis capable d'accomplir ces tâches. Si jusqu'ici je me suis sentie débordée, c'est parce que j'avais beau faire le maximum, ce n'était jamais assez.

— Marc, vous constatez que je ne vous suggère de ne pas forcément suivre le modèle de mariage auquel votre père et votre mère se sont conformés.

— Pourtant, mon père tondait le gazon et lavait la voiture !

— Mais il ne changeait pas les couches et ne passait pas l'aspirateur, n'est-ce pas ?

— C'est juste.

— Vous n'êtes pas obligé de le faire, vous non plus. Toutefois, si vous le faites, ce sera un signe d'amour pour Marie. Marie, dis-je en me tournant vers la jeune femme, sachez que vous n'êtes pas contrainte de réaliser les désirs de votre mari. Mais si vous voulez lui exprimer votre amour, vous disposez de quatre moyens pour le faire. Je vous suggère de vous engager dans cette voie pendant deux mois pour voir si votre situation sentimentale s'améliore. Au terme de cette période, libre à vous de compléter votre liste avec d'autres requêtes et d'en discuter avec votre conjoint. Mais je n'ajouterais pas plus d'un désir par mois.

— Cela paraît raisonnable, déclara Marie.

— Je suis certain que vous nous avez aidés, ajouta Marc.

Ils se prirent par la main en se dirigeant vers leur voiture. De nouveau seul, je me mis à penser : « Je crois que j'éprouverai beaucoup de bonheur à être conseiller conjugal. » Je n'ai jamais oublié ce que j'ai appris ce jour-là, sous cet arbre.

Après des années de recherche, j'ai mieux saisi le caractère particulier de la situation dans laquelle se trouvaient Marc et Marie. Car j'ai rarement rencontré des couples dont les deux conjoints parlaient le même langage d'amour. Marc et Marie étaient tous deux sensibles aux services rendus. Des centaines d'individus peuvent s'identifier à eux et reconnaître que le langage d'amour qui les touche le plus consiste dans les services qu'ils se rendent mutuellement. Le fait par exemple de ranger ses chaussures, de changer les couches du bébé, de laver la vaisselle ou de passer l'aspirateur, peut sembler très anodin ou trop terre à terre pour certains, mais cela parle énormément à celui qui comprend principalement le langage des services rendus.

Vous êtes sans doute surpris. *Si Marc et Marie étaient sur la même longueur d'onde sentimentale, comment se fait-il qu'ils aient eu tant de difficultés à s'entendre?* C'est tout simplement qu'ils ne parlaient pas le même dialecte. Ce qu'ils accomplissaient l'un pour l'autre, ne revêtait pas la même importance. Quand je les ai forcés à raisonner de façon concrète, ils ont chacun facilement identifié leur dialecte. Marie comprenait avant tout le dialecte dont les mots ou expressions essentielles étaient « laver la voiture, changer les couches du bébé, passer l'aspirateur et tondre le gazon », tandis que les mots familiers pour Marc étaient « faire le lit, débarbouiller le bébé, ranger les chaussures dans le placard, et avoir préparé le souper avant son retour ». Quand ils se sont mis à parler le même dialecte, leurs réservoirs d'amour ont commencé à se remplir. Comme ils comprenaient déjà le même langage fondamental, celui des services rendus, il leur a été relativement facile d'apprendre leur dialecte mutuel.

Avant de quitter Marc et Marie, j'aimerais faire encore trois remarques.

- Premièrement, *ce que nous accomplissons l'un pour l'autre avant le mariage ne présume absolument pas de ce que nous ferons après.* Avant le mariage, nous sommes dominés par l'amour-obsession. Après, nous avons tendance à redevenir ce que nous étions avant de tomber amoureux.

Notre comportement est alors plus influencé par le modèle parental, notre propre personnalité, notre perception de l'amour, nos émotions, nos besoins et nos désirs. Une chose est sûre : nous nous comportons bien différemment !

- Cela me conduit à une deuxième vérité, clairement illustrée par le cas de Marc et Marie. *L'amour résulte d'une décision libre ; il ne saurait donc être contraint*. Marc et Marie se reprochaient mutuellement leur attitude, et cela ne les menait nulle part. À partir du moment où ils ont décidé de se faire connaître leurs désirs plutôt que leurs exigences réciproques, leur mariage a commencé à tourner rond. Reproches et revendications peuvent faire céder le partenaire. En insistant lourdement, il est toujours possible de le faire plier. Il accomplira alors ce qui lui est *demandé*, mais il ne le fera pas par amour. Un conjoint peut indiquer dans quelle direction il voit l'expression de l'amour : « Je souhaite que tu laves la voiture, changes le bébé et tondes le gazon », mais il ne peut pas créer la volonté d'aimer. Il est du ressort de chacun de décider chaque jour d'aimer ou non son partenaire de vie. Et de fait, en lui exprimant son amour dans un langage qu'il comprend, cela rend cet amour plus parlant.
- Voici une troisième vérité que seul celui qui est capable d'aimer de façon mature pourra comprendre. *Les reproches que mon conjoint me fait à propos de mon comportement me fournissent*

l'indice le plus clair sur le langage auquel il est le plus sensible. Les gens ont tendance à formuler les critiques les plus vives dans les domaines qui correspondent à leurs propres besoins émotionnels. C'est leur façon – inefficace – de réclamer de l'amour. Si nous comprenons ce principe, il peut nous aider à considérer les reproches et les critiques sous un jour plus positif et plus utile. Si votre conjoint vous reproche votre attitude, vous pourrez lui demander : « Ce que tu viens d'exprimer me laisse à penser que c'est très important pour toi. Pourrais-tu me dire pourquoi ? » Les critiques ont souvent besoin d'être explicitées. En engageant ainsi la conversation, le conjoint critiqué peut finalement amener l'autre à faire de sa critique une requête plutôt qu'une revendication. En reprochant constamment à Marc sa passion pour la chasse, Marie n'exprimait pas sa haine de la chasse. Elle voyait dans ce sport un prétexte qui empêchait son mari de laver la voiture, de passer l'aspirateur dans la maison et de tondre le gazon. Lorsque Marc eut compris comment répondre aux besoins affectifs de sa femme en parlant son langage, Marie parvint à accepter que son mari aille à la chasse.

Paillasson ou amant ?

« Cela fait vingt ans que je le sers. J'ai toujours été à ses petits soins. J'ai été son paillasson, alors que de son côté, il m'ignorait, me maltraitait et m'humiliait devant mes amies et ma famille. Je ne le hais pas, je ne lui souhaite aucun mal, mais il m'écœure et je ne veux plus vivre avec lui. » Cette femme avait rendu des services pendant vingt ans, mais ils n'étaient pas des expressions de son amour. Elle s'en était acquittée avec des sentiments de peur, de culpabilité et de rancœur.

Le paillasson est un objet inanimé. Vous pouvez essuyer vos pieds dessus, le secouer, le battre, en faire tout ce que vous voulez. Il n'a pas de volonté propre. Il peut vous servir, mais pas vous aimer. Lorsque nous traitons notre conjoint comme un objet, nous excluons d'emblée la relation d'amour. La manipulation par la culpabilité (« Si tu étais un bon mari, tu ferais ceci pour moi ») n'est pas le langage de l'amour. La contrainte par la peur (« Fais-le, sinon tu le regretteras ») ne fait pas intervenir l'amour non plus. Personne ne devrait jamais être traité comme un paillasson. Nous pouvons décider par nous-même de nous mettre au service d'autrui, mais dans ce cas, nous restons des créatures éprouvant des émotions, nourrissant des pensées et des désirs. Nous sommes à même de prendre des décisions et d'agir. En revanche, si nous nous laissons exploiter ou manipuler par autrui, nous n'agissons pas par amour. C'est même une sorte de trahison de notre part. Nous laissons la porte ouverte à l'autre de cultiver des habitudes inhumaines. L'amour, lui, dit : « Je t'aime trop pour me laisser traiter de cette façon. Ce n'est bon ni pour toi ni pour moi. »

Dépasser les stéréotypes

Pour apprendre le langage d'amour des services rendus, certains auront besoin de revoir et corriger les clichés sur les rôles spécifiques de l'homme et de la femme. Marc a fait ce que nous faisons presque tous naturellement. Il s'est inspiré du modèle que constituaient ses parents. Mais même son imitation n'était pas parfaite. Car son père lavait la voiture et tondait le gazon. Marc ne le faisait pas, mais c'était pourtant l'image mentale qu'il avait en pensant aux devoirs du mari. Il ne se voyait absolument pas en train de passer l'aspirateur et de changer le bébé. Il faut tout de même porter à son crédit le fait qu'il a accepté de bousculer son stéréotype quand il s'est aperçu que c'était important pour Marie. Nous avons tous besoin de souplesse lorsque notre conjoint nous demande d'accomplir quelque chose qui va dans le sens de son langage d'amour favori, mais qui semble pourtant contrecarrer la vision que nous avons de notre rôle.

À cause des mutations sociologiques des trente dernières années, il n'existe quasiment plus de stéréotypes masculins ou féminins dans la société occidentale. Cela ne veut pas dire pour autant qu'il n'en existe plus aucun. Au contraire, ils se sont multipliés. Avant que la télévision ne soit si largement répandue, la relation au sein du couple était fortement et surtout influencée par l'exemple parental. De nos jours, avec l'impact de la télévision sur les familles, et les foyers monoparentaux de plus en plus nombreux, les rôles de l'homme et de la femme sont de plus en plus influencés par des repères extérieurs au foyer. Quelle que soit votre perception des choses, il est fort probable que votre conjoint conçoive les rôles respectifs du mari et de la femme différemment de vous. Il faut donc être prêt à examiner et, si nécessaire, à changer de modèles pour mieux pouvoir exprimer l'amour. Un conjoint n'a aucun mérite à s'accrocher à un stéréotype, mais il a tout à gagner à savoir répondre plus précisément aux besoins affectifs de son partenaire.

Récemment, une femme m'a déclaré :

— M. Chapman, je vais inscrire mes amis à votre séminaire.

— Pour quelle raison ?

— Parce qu'il a radicalement changé notre vie conjugale. Avant d'assister à vos conférences, Luc ne m'aidait jamais. Nous nous sommes tous les deux engagés dans la vie professionnelle aussitôt nos études universitaires terminées, mais il fallait en plus que je me charge de tous les travaux ménagers. Jamais la pensée qu'il pourrait me donner un coup de main n'a effleuré son esprit. À notre retour du séminaire, il n'a pas tardé à me demander : « En quoi pourrais-je t'aider ce soir ? » J'étais abasourdie. Je dois dire que j'ai même mis du temps à croire que ces paroles soient réelles et sincères. Pourtant, le changement opéré ce jour-là dans son attitude dure depuis trois ans déjà !

Je dois reconnaître que nous avons traversé des moments pénibles et d'autres comiques, surtout au cours des premières semaines parce qu'il ne savait absolument rien faire. La première fois qu'il a fait la lessive, il a utilisé un agent de blanchiment non dilué au lieu de ma poudre habituelle. Nos serviettes bleues sont ressorties toutes marbrées de taches blanches. Et le jour où il a utilisé le broyeur de déchets ! Le système a fait un bruit étrange ; peu après, des bulles de savon sont sorties par le trop-plein de l'évier. Mon mari n'a pas compris ce qui se passait jusqu'au moment où j'ai arrêté le broyeur, plongé ma main et retiré le reste d'un morceau de savon, le quart de ce qu'il avait dû être !... Mais mon mari m'aimait et me le disait dans mon langage, et mon réservoir sentimental se remplissait. Aujourd'hui, il sait tout faire dans la maison, et il est toujours aux petits soins pour moi. Nous disposons de beaucoup plus de temps ensemble car je n'ai plus à m'affairer sans arrêt. Croyez-moi, en retour j'ai appris son langage, et je fais tout pour garder son réservoir d'amour plein.

Est-ce aussi simple que cela ?

Simple ? Oui. Facile ? Non. Luc dut sérieusement s'y mettre pour faire voler en éclats le stéréotype auquel il s'était accroché pendant trente-cinq ans. Cela ne se fit pas tout seul, mais il vous dirait aujourd'hui que le fait d'apprendre et de pratiquer la langue dans laquelle le conjoint comprend le mieux les sentiments d'amour de son partenaire change radicalement le climat sentimental du couple.

Passons maintenant au langage numéro cinq.

Chapitre 8

Le contact physique

Nous savons depuis longtemps que le toucher est un moyen de communication des sentiments d'amour. De nombreuses recherches dans le domaine du développement de l'enfant ont mis en lumière que des bébés cajolés et embrassés, développent ensuite une personnalité émotionnelle plus saine que ceux qui vivent de longues périodes sans contact physique.

L'importance du toucher pour l'enfant n'est pas une idée moderne. Au premier siècle, des Juifs qui reconnaissaient en Jésus un grand maître lui amenèrent des petits enfants « pour qu'il les touchât »[1]. Vous savez sans doute que les disciples de Jésus, estimant que le Seigneur était bien trop occupé pour s'intéresser à de telles banalités, firent des reproches

1. La Bible, Évangile de Marc 10.13.

aux parents. Mais les Écritures rapportent que Jésus « fut indigné et leur dit : Laissez venir à moi les petits enfants, et ne les en empêchez pas ; car le royaume de Dieu est pour leurs pareils. En vérité, je vous le dis, quiconque ne recevra pas le royaume de Dieu comme un petit enfant, n'y entrera point. Puis il les embrassa et les bénit, en leur imposant les mains »[2]. Dans toutes les cultures, les parents avisés ne privent pas leurs enfants de contact physique.

Dans le couple également, le toucher est un puissant moyen pour communiquer son amour. L'étreinte des mains, les baisers, les enlacements, les relations sexuelles sont autant de façons de faire ressentir au conjoint qu'il est aimé. Pour certaines personnes, le toucher est le langage de l'amour qu'elles comprennent le mieux. Si elles bénéficient de ce toucher, leur réservoir émotionnel est plein, et elles se sentent en sécurité dans l'amour de leur conjoint. A contrario, sans ce contact, elles ne se sentent pas aimées.

Un homme me dit un jour :

— M. Chapman, ma femme est un cordon-bleu. Elle passe des heures dans la cuisine et me mijote des plats très élaborés. Moi, je me contenterais bien de viande et de pommes de terre. J'aime la nourriture simple. Je lui ai souvent dit qu'elle perdait son temps. Lorsque cela arrive, elle se sent blessée et prétend que je ne l'aime pas. Ce qui est faux car je l'aime vraiment énormément. Mais je préférerais qu'elle se simplifie l'existence et qu'elle ne consacre pas autant d'heures à préparer des repas

2. La Bible, Évangile de Marc 10.14-16.

aussi recherchés. Nous pourrions passer davantage de temps ensemble, et elle conserverait de l'énergie pour d'autres choses.

À cet homme, *d'autres choses* tenaient plus à cœur que des menus hors du commun.

L'épouse de cet homme se sentait frustrée dans son amour. Elle avait grandi auprès d'une mère excellente cuisinière et d'un père qui appréciait les efforts de son épouse. Elle se souvenait avoir entendu son père dire à sa femme : « Quand je m'assieds devant un plat comme celui-ci, il m'est très facile de t'aimer. » Son père ne tarissait pas d'éloges sur les dons culinaires de sa femme. Il ne manquait aucune occasion, en privé comme en public, de vanter ses talents. La fille a tiré leçon de l'attitude de sa mère. L'ennui, c'est qu'elle n'a pas épousé son père. Son mari à elle tient un autre langage.

Dans mes entretiens avec lui, il ne me fallut pas longtemps pour comprendre que chez lui, les *autres choses* désignaient la sexualité. Quand sa femme était encline à avoir des rapports sexuels, il se sentait assuré de son amour. Mais lorsque pour différentes raisons elle n'en avait pas envie, elle avait beau déployer des trésors d'ingéniosité dans la préparation de ses plats, il n'était pas du tout convaincu qu'elle l'aimait. Il ne repoussait pas les mets qu'elle lui offrait, mais dans son cœur, tout cela ne remplaçait pas ce qu'il entendait par *amour*.

La relation sexuelle ne constitue qu'un dialecte du langage d'amour par les contacts physiques. Le toucher, contrairement aux quatre autres sens, ne se limite pas à un endroit précis du corps humain. De minuscules récepteurs tactiles composent ce dernier. Lorsqu'ils ressentent un contact ou une pression, ils communiquent l'information au cerveau qui interprète l'impulsion reçue, nous dit si c'est chaud ou froid par exemple, et nous fait éprouver du plaisir ou de la douleur. Nous pouvons ainsi savoir s'il s'agit d'un toucher affectueux ou hostile.

Certaines zones du corps sont plus sensibles que d'autres. Cela tient au fait que les récepteurs tactiles ne sont pas répartis de façon homogène sur tout le corps, mais sont disposés en grappes. Ainsi, le bout de la langue ou bien les extrémités des doigts et du nez sont très sensibles au toucher, alors que le bas des épaules l'est beaucoup moins. Notre but n'est cependant pas de comprendre la base neurologique du sens du toucher, mais son importance psychologique.

Il peut faire ou défaire une relation et communiquer la haine ou l'amour. Pour quiconque est sensible au toucher comme expression des sentiments, le contact physique criera plus fort que les paroles : « Je te hais » ou « Je t'aime ». Une gifle en pleine figure est préjudiciable à n'importe quel enfant, mais elle est encore plus dévastatrice pour celui qui est particulièrement sensible au langage du toucher. Un petit bisou communique de l'amour à tout enfant, mais il en communique davantage à celui qui interprète le toucher comme la principale forme d'expression de l'affection. Il en est de même pour les adultes.

Dans la relation conjugale, le toucher affectueux peut revêtir plusieurs formes. De par la répartition sur tout le corps de points tactiles, vous avez de nombreuses occasions d'exprimer votre amour à votre conjoint en le touchant. Toutes les zones sensibles ne procurent cependant pas la même sensation. Certaines délivrent plus de plaisir que d'autres. Dans ce domaine, votre meilleur guide sera votre conjoint lui-même. En effet, c'est lui que vous cherchez à aimer. Et lui seul sait mieux que quiconque quel genre de contact le comble le plus. Cherchez moins tant à le toucher là où vous l'avez décidé et au moment où vous l'avez décidé que d'apprendre à parler son dialecte d'amour. N'insistez pas pour lui communiquer physiquement votre amour comme vous l'entendez car il peut trouver certains contacts désagréables ou irritants. En insistant, vous véhiculez le contraire de l'amour car vous ne tenez pas compte de ses besoins et ne recherchez pas ce qui lui fait plaisir. En résumé, ne croyez surtout pas que le contact physique qui vous procure du plaisir à vous aura le même effet chez votre partenaire.

Le toucher amoureux peut être explicitement localisé et exiger toute votre attention. C'est le cas des massages du dos par exemple et des préliminaires qui culminent dans le rapport sexuel. Il peut aussi être plus léger, ou furtif, par exemple la main posée sur celle de l'autre, à table, au moment du café, ou une étreinte de quelques instants lorsque vous vous retrouvez seuls dans la cuisine. Le toucher intentionnel nécessite plus de temps, non seulement au moment même où vous le pratiquez, mais aussi parce que vous devrez peut-être apprendre à manier un langage qui vous est peu naturel. Si un massage du dos communique intensément votre amour à votre partenaire, n'hésitez pas à consacrer le temps, l'argent et l'énergie nécessaires pour devenir un bon masseur. Si la relation sexuelle est le langage amoureux auquel votre conjoint est le plus sensible, discutez avec lui de l'art et la manière de lui faire l'amour et il sera plus conscient de votre amour pour lui.

Le toucher affectueux fortuit ou furtif prend peu de temps, mais vous demandera peut-être beaucoup de réflexion, surtout s'il ne correspond pas à votre langage familier, et si vous n'avez pas grandi dans un milieu qui valorisait le contact physique. Ainsi, le fait d'être blottis l'un contre l'autre sur le canapé en regardant la télé ne demande pas spécialement de temps, et c'est pourtant l'occasion et le moyen de se communiquer réciproquement beaucoup de tendresse. Passer la main sur la nuque de votre mari lorsqu'il est assis dans son fauteuil et lit le journal ne prend que quelques secondes, mais le geste recèle tellement d'amour ! Le toucher affectueux peut parfois se limiter à un baiser au moment où l'autre quitte la maison et à un second quand il revient, mais c'est suffisant pour faire palpiter son cœur et lui dire tout l'amour que vous lui portez.

Si vous avez découvert que le toucher est le principal langage d'amour de votre conjoint, alors seul votre manque d'imagination peut vous limiter pour exprimer votre amour. La recherche de nouvelles pratiques et zones sensibles pour communiquer votre amour peut représenter un grand défi. Si vous avez jusque-là été plutôt réservé quant aux gestes de tendresse, vous découvrirez peut-être que le fait de saisir la main de votre conjoint sous la table, au restaurant, accélère votre pouls et vous émeut. Ou qu'en prenant sa main en public, vous remplissez son réservoir émotionnel. Ou qu'en l'embrassant dans la voiture au feu rouge, vous embellissez tout le trajet. Quand vous embrassez votre femme au moment où elle part faire une course, non seulement vous lui exprimez votre amour, mais vous l'incitez à revenir plus vite. Tentez d'autres modes de touchers, à des endroits jusque-là inexplorés du corps de votre conjoint et voyez s'il trouve cela agréable ou non. Souvenez-vous toujours que le dernier mot lui appartient. Vous êtes, quant à vous, en apprentissage !

Le corps est pour le toucher

Tout ce que je suis réside dans mon corps. Toucher mon corps, c'est me toucher dans tout mon être. Fuir mon corps, c'est s'éloigner de moi sur le plan des émotions. Dans notre société, la poignée de main exprime l'ouverture et le lien social avec autrui. Lorsqu'un homme refuse de serrer la main à un autre, il lui fait comprendre qu'il y a un obstacle dans leur relation. Dans toutes les cultures, les individus ont trouvé une forme de contact physique pour se saluer.

Dans toute société, il existe aussi des manières acceptables et d'autres inacceptables de toucher les personnes du sexe opposé. Les procès récents pour harcèlement sexuel ont mis en lumière des comportements blâmables. Dans le couple, ce qui est admissible et ce qui ne l'est pas est défini par les conjoints eux-mêmes (tous les deux !). L'abus physique est évidemment condamné par la société, et des associations se sont créées pour venir en aide aux femmes battues... et aux hommes battus. Le corps est fait pour être touché et non pas abusé.

Notre époque se caractérise par la liberté sexuelle. Cette liberté – plus exactement cette licence – permet aux conjoints d'entretenir ouvertement des relations sexuelles avec d'autres partenaires. Mais cette liberté est un leurre. Ceux qui ne la rejettent pas pour des raisons morales le font sur la base des considérations émotionnelles. Notre besoin d'intimité et d'amour exclusif nous interdit d'accorder la liberté sexuelle à notre conjoint. Découvrir qu'il entretient des relations intimes avec un autre partenaire entraîne une profonde souffrance émotionnelle et tue l'intimité. Les archives des conseillers conjugaux regorgent de cas de maris et de femmes qui ont tenté de surmonter le traumatisme émotionnel consécutif à l'infidélité de leur conjoint. Cette blessure sera d'autant plus profonde si la personne trompée est surtout sensible au langage du toucher. Ce après quoi elle soupire si ardemment – l'amour exprimé par le contact du corporel – est offert à un autre. Son réservoir émotionnel n'est pas seulement vidé brutalement ; il est brisé comme par une explosion. Il faudra de multiples *réparations* pour répondre aux besoins émotionnels de ces victimes.

Épreuves et toucher

Dans les moments d'épreuve, nous nous embrassons presque instinctivement. Pourquoi ? Parce que le contact physique est un excellent témoignage d'amour. Dans les temps de crise, nous avons besoin avant tout de nous sentir aimés. Nous ne pourrons pas toujours changer pour autant le cours des événements, mais nous les vivrons mieux et nous leur survivrons si nous nous sentons aimés.

Tous les couples connaissent des moments difficiles. La mort des parents est inévitable. Les accidents de circulation tuent et estropient des milliers de personnes chaque année. La maladie frappe indistinctement. Les déceptions font partie de la vie. Ce que vous avez de mieux à faire lorsque survient le temps de l'épreuve, est d'aimer encore davantage votre conjoint lorsqu'il est présent à vos côtés. Si votre femme est plus particulièrement sensible au toucher, rien n'est plus important que de la prendre dans vos bras lorsqu'elle a de la peine, ou qu'elle pleure. Vos paroles auront peut-être peu d'effet, mais le contact de votre corps dira que vous êtes là pour l'entourer et prendre soin d'elle. Les revers et les chagrins offrent une occasion exceptionnelle de manifester de l'amour. La personne accablée se souviendra de votre étreinte affectueuse longtemps après ce temps difficile. À l'inverse, elle pourrait ne jamais vous pardonner de ne l'avoir pas serrée dans vos bras alors qu'elle était dans l'épreuve.

À l'occasion d'un séminaire organisé par une église locale, le pasteur, venu m'attendre à la gare de l'aéroport, m'apprit que Pierre et Delphine, un couple de son église, avaient souhaité que je passe la nuit chez eux. J'essayai de garder bonne contenance, mais je savais très bien ce que cela signifiait pour moi : une séance de relation d'aide qui se prolongerait tard dans la nuit. J'allais cependant être surpris au-delà de toute attente.

Une fois entré avec le pasteur dans leur demeure spacieuse et superbement décorée, de style espagnol, je fus présenté à Delphine ainsi qu'à Minou, le chat de la maison. En promenant mon regard autour de moi, je me dis : *ou bien les affaires de Pierre sont particulièrement juteuses, ou bien son père lui a légué un bel héritage, ou bien le ménage est plongé dans les dettes jusqu'au cou.* J'appris plus tard que ma première pensée était la bonne. Quand je fus introduit dans la chambre d'amis, je constatai que Minou, le chat, s'y sentait comme chez lui, étendu sur le lit qui m'était réservé et je ne pus m'empêcher de me dire : *le chat a la belle vie !*

Pierre arriva peu après. Quelques heures plus tard, tandis que nous étions à table, j'attendis que débute la séance de relation d'aide à laquelle je m'étais préparé. Il n'y en eut pas ! Je trouvai que Pierre et Delphine formaient un couple heureux et équilibré. Pour un conseiller conjugal, ce constat est chose rare. J'étais impatient de découvrir leur secret, mais comme j'étais très fatigué et que Pierre et Delphine devaient me conduire à la gare le lendemain, je décidai de repousser mes investigations à plus tard, quand je me sentirais plus alerte. Mes hôtes m'accompagnèrent jusqu'à ma chambre.

Minou, le chat, fut assez aimable pour quitter la chambre au moment où j'y entrai. Il sauta du lit et se glissa dans une autre chambre à coucher. En moins de temps qu'il ne faut pour le dire, je fus au lit. Je repassai rapidement dans mon esprit les événements de la journée, et commençai à sombrer dans le sommeil. Juste avant que je ne perde le contact avec la réalité, la porte de ma chambre s'ouvrit et un monstre bondit sur moi ! J'avais entendu parler des scorpions du coin, mais ce n'en était pas un. Sans prendre le temps de réfléchir, j'empoignai le drap qui me recouvrait et avec un hurlement à vous glacer le sang, le lançai de toutes mes forces loin de moi. J'entendis un corps heurter le mur, puis ce fut le silence. Pierre et Delphine traversèrent le couloir en toute hâte, allumèrent la lumière, et tous les trois nous découvrîmes le pauvre Minou étendu immobile.

Ce couple ne m'a jamais oublié ; moi non plus, d'ailleurs. Minou reprit ses esprits au bout de quelques minutes, mais il ne revint pas dans ma chambre. Pierre et Delphine me dirent plus tard qu'il n'y remit plus jamais les pattes.

Après que j'eus ainsi maltraité Minou, je me demandais si Pierre et Delphine accepteraient de me conduire à la gare le lendemain et s'ils me manifesteraient encore de l'intérêt. Mes craintes s'évanouirent lorsqu'à la fin du séminaire, Pierre me dit :

— M. Chapman, j'ai assisté à de nombreuses conférences, mais je n'ai jamais rencontré quelqu'un qui nous ait décrits, Delphine et moi, de façon aussi claire que vous. Cette idée du langage de l'amour est vraie. Je suis impatient de vous raconter notre histoire !

Quelques minutes après avoir salué les participants du séminaire, nous prîmes place dans la voiture pour un trajet de trois quarts d'heure jusqu'à la gare. Pierre et Delphine commencèrent aussitôt à me parler de leur vie. Dans les premières années de leur mariage, ils avaient connu d'énormes difficultés ; pourtant, quelque vingt-deux ans plus tôt, tous leurs amis étaient d'accord pour déclarer qu'ils formaient un couple parfait.

Ils avaient grandi dans la même ville, fait leurs études dans la même école. Leurs parents respectifs avaient le même style de vie et honoraient les mêmes valeurs. Pierre et Delphine appréciaient un certain nombre de choses semblables. Tous les deux aimaient la voile et le tennis ; ils insistèrent à plusieurs reprises sur le fait qu'ils avaient plusieurs centres d'intérêt en commun. Bref, ils semblaient posséder tout ce qui est censé limiter les conflits dans un couple.

Ils avaient commencé à se fréquenter en classe de Terminale. Ils firent leurs études supérieures dans des villes différentes et éloignées, mais s'arrangèrent pour se rencontrer au moins une fois par mois, et souvent davantage. Dès la fin de leur première année universitaire, ils furent persuadés d'être « faits l'un pour l'autre ». Ils décidèrent cependant d'un commun accord d'attendre la fin de leurs études pour se marier. Leurs dernières années d'études se déroulèrent dans un contexte idyllique. Un week-end, c'était lui qui se rendait sur le campus de Delphine ; le week-end suivant, c'était elle qui venait sur le sien ; le troisième week-end, ils rentraient dans leurs familles, mais passaient le plus clair de leur temps ensemble ; ils avaient convenu de ne jamais se voir le quatrième week-end, de manière à se donner la liberté de cultiver d'autres centres d'intérêt. En dehors d'événements spéciaux, comme les anniversaires, ils se tinrent à ce programme. Trois semaines après que Pierre eut obtenu son diplôme de commerce et Delphine le sien en sociologie, ils se marièrent. Deux mois plus tard, ils vinrent s'établir ici, où Pierre avait eu la chance de se voir proposer un poste très intéressant. Ils habitaient à environ mille kilomètres des parents les plus proches. Ils purent ainsi vivre une lune de miel perpétuelle.

Les trois premiers mois passés à déménager, trouver un appartement et jouir de la vie à deux furent passionnants. La seule querelle dont ils pouvaient se souvenir avait trait à la vaisselle. Pierre avait proposé une idée pour s'acquitter de cette corvée, mais Delphine ne la partageait pas. Ils résolurent leur conflit en déclarant que celui qui ferait la vaisselle la ferait comme bon lui semblait. Six mois s'étaient écoulés depuis leur mariage quand Delphine eut l'impression que Pierre commençait à esquiver sa présence. Il travaillait plus longtemps, et quand il était à la maison, il passait des heures devant l'ordinateur. Quand elle lui fit part de son sentiment, il lui répondit qu'il ne la fuyait pas du tout, mais qu'il s'efforçait de se maintenir au top niveau pour son travail. Il lui reprocha de ne pas se rendre compte de la tension à laquelle il était soumis, et lui rappela combien il était important pour lui de bien réussir sa première année professionnelle. Delphine ne fut pas satisfaite de sa réponse, mais décida de lui laisser un plus grand espace de liberté.

Elle commença à nouer des amitiés avec d'autres femmes qui vivaient dans le même immeuble. Souvent, quand elle savait que Pierre rentrerait plus tard du bureau, elle allait faire du shopping avec une de ses amies au lieu de revenir directement chez elle après son travail. Il lui arrivait parfois de ne pas être à la maison quand Pierre rentrait. Cela l'irritait au plus haut point, et il se mit à lui reprocher son manque de prévenance et son attitude irresponsable. Elle lui répondait alors :

— Tu en as de bien bonnes ! Qui se comporte de façon irresponsable ? Tu ne m'as même pas téléphoné pour me dire quand tu rentrerais ! Comment puis-je être là à t'attendre si je ne sais même pas à quelle heure tu seras de retour ? Et quand tu es là, tu passes ton temps devant cet ordinateur muet ! Tu n'as pas besoin d'une femme ! Un ordinateur te suffit !

À ces accusations, Pierre réagissait violemment :

— J'ai besoin d'une femme. Ne le comprends-tu pas ? Le nœud du problème est là : j'ai besoin d'une femme !

Mais Delphine ne comprenait pas. Elle restait perplexe. Dans sa quête de réponses, elle se rendit à la bibliothèque municipale et prit plusieurs livres sur le mariage. *Le mariage ne doit certainement pas être ce que nous vivons, se disait-elle. Il faut absolument que je trouve un remède à notre situation.* Dès que Pierre s'enfermait dans la pièce où se trouvait l'ordinateur, Delphine se plongeait dans ses livres. Plusieurs soirs, elle lut jusqu'à minuit passé. Quand il venait se coucher, Pierre passait devant elle et lui lançait des remarques sarcastiques du genre : « Si tu avais étudié autant à l'université, tu aurais eu une mention *Très Bien* ». Ce à quoi Delphine se contentait de rétorquer : « Je ne suis pas à l'université. Je suis dans le mariage, et actuellement je me satisferais d'un *Passable* ». Pierre se mettait au lit sans lui jeter un regard.

À la fin de la première année, Delphine était désespérée. Elle avait déjà dit à Pierre son intention d'aller voir un conseiller conjugal. Cette fois-ci, elle était décidée. Elle prévint calmement son mari :

— Je vais chez un conseiller conjugal. Veux-tu m'accompagner ?

— Je n'ai pas besoin de conseiller conjugal, lui répondit Pierre. Je n'ai pas de temps à perdre. Ni d'argent d'ailleurs !

— Dans ces conditions, j'irai seule.

— Très bien, de toute façon, c'est toi qui as besoin d'aide en la matière.

La conversation était terminée. Delphine se sentait très seule. La semaine suivante, elle prit rendez-vous chez un conseiller. Après la troisième séance, le spécialiste téléphona à Pierre et lui demanda s'il acceptait de venir présenter son point de vue sur son mariage. Pierre accepta, et le processus de guérison se mit en marche. Six mois plus tard, ils sortirent du bureau du conseiller en ayant une relation conjugale toute nouvelle.

Je demandai à Pierre et à Delphine :

— Qu'avez-vous appris dans ces séances qui a pu remettre votre mariage sur de bons rails ?

— M. Chapman, répondit Pierre, nous avons tout simplement appris chacun à parler le langage d'amour auquel l'autre est sensible. Le conseiller n'a pas utilisé cette expression, mais en écoutant votre conférence aujourd'hui, cela a fait tilt dans mon esprit, et j'ai compris que c'était exactement ce que nous avions vécu. Nous avons finalement appris à exprimer notre amour dans la langue la plus familière pour l'autre.

— Quel est le langage d'amour auquel vous êtes sensible, Pierre ? demandai-je.

— Celui du toucher, répondit-il sans hésitation.

— Je suis tout à fait d'accord, renchérit Delphine, j'en suis consciente maintenant.

— Et à vous, Delphine ?

— C'est celui des moments de qualité, M. Chapman. C'est ce après quoi je soupirais de tout mon être alors qu'il passait son temps au travail ou devant l'ordinateur.

— Comment avez-vous découvert que le langage d'amour de Pierre était le toucher ?

— Il m'a fallu du temps. Peu à peu, j'ai commencé à le comprendre grâce aux séances de relation d'aide conjugale. Au début, je ne pense pas que Pierre en avait lui-même conscience.

— C'est vrai, intervint Pierre. Je manquais tellement de confiance en moi que j'ai mis très longtemps à pouvoir identifier et admettre que la réticence de Delphine dans le domaine du toucher m'avait peu à peu incité à la fuir. Je ne lui avais jamais fait part de mon désir d'être caressé, alors que toutes les fibres de mon être réclamaient le contact de son corps. Pendant nos fiançailles, c'était toujours moi qui prenais l'initiative de l'embrasser, de la serrer dans mes bras ou de lui tenir la main. Elle se laissait faire. Je sentais qu'elle m'aimait. Mais une fois mariés, il est arrivé qu'elle ait un mouvement de recul quand je m'approchais d'elle pour la caresser ou l'enlacer. Peut-être était-elle fatiguée à cause de ses nouvelles responsabilités professionnelles. Je l'ignorais, mais je me suis senti offensé. Je me suis dit qu'elle ne me trouvait plus attirant. J'ai alors décidé de ne plus prendre l'initiative du contact physique de peur d'être repoussé. J'ai attendu pour voir combien de temps il lui faudrait pour me donner un baiser, ou pour me caresser, ou pour désirer un rapport sexuel. Une fois, j'ai attendu six semaines avant qu'elle me touche de la main. C'était insupportable pour moi. En la fuyant, je m'épargnais la souffrance que me causait sa proximité. Près d'elle, je me sentais non accepté, non désiré, non aimé.

Delphine ajouta :

— J'ignorais complètement qu'il ressentait cela. Je constatais simplement qu'il ne venait plus vers moi. Nous ne nous embrassions plus et nous ne nous enlacions plus comme nous le faisions auparavant, mais je me disais que cela n'avait plus autant d'importance pour lui, maintenant que nous étions mariés. Je savais également qu'il vivait sous tension à son travail. J'étais loin d'imaginer qu'il attendait des initiatives de ma part.

Il a raison. Je ne le touchais pas durant des semaines. L'idée ne me venait même pas à l'esprit. Je préparais les repas, passais l'aspirateur, lavais son linge et m'efforçais de ne pas me trouver sur son chemin. Honnêtement, je ne savais pas ce que j'aurais pu faire d'autre. Je ne comprenais pas pourquoi il me fuyait, ni pourquoi il semblait se désintéresser de moi. Je ne peux pas dire que je n'aime pas le toucher ; je n'ai tout simplement jamais estimé que c'était important. Ce qui me donnait le sentiment d'être aimée et appréciée, c'était qu'il passe du temps avec moi, qu'il m'accorde son attention. Qu'il m'embrasse ou me serre dans ses bras me laissait dans une certaine mesure indifférente. Aussi longtemps qu'il me prêta attention, je me sentis aimée.

Il nous a fallu du temps pour découvrir la racine de nos maux, mais dès que nous nous sommes rendu compte que nous ne répondions pas à nos besoins affectifs mutuels, nous avons réagi. Lorsque j'ai pris un jour l'initiative de me serrer contre lui, c'est incroyable tout ce qui s'est produit. Sa personnalité s'est métamorphosée. J'avais un nouveau mari. Lorsqu'il comprit que je l'aimais sincèrement, il commença à se montrer plus à l'écoute de mes désirs.

— A-t-il toujours un ordinateur à la maison ? demandai-je.

— Oui, répondit-elle, mais il s'en sert très peu, et quand il le fait, cela ne me dérange plus parce que je sais qu'il n'est pas « marié » avec lui. Nous faisons tellement de choses ensemble qu'il m'est facile de lui accorder la liberté d'utiliser l'ordinateur quand il en a envie.

— Ce qui m'a frappé aujourd'hui, intervint Pierre, c'est la façon dont votre conférence m'a ramené des années en arrière, au temps de cette expérience. Vous avez dit en vingt minutes ce qui nous a demandé six mois de tâtonnements et d'apprentissage.

— Vous savez, répondis-je, ce qui compte, ce n'est pas d'apprendre vite, mais d'apprendre bien. Et apparemment, vous avez *bien* appris.

Pierre n'est qu'un exemple des nombreux individus pour qui le toucher est l'expression la plus parlante de l'amour. Ils sont impatients de voir leur conjoint venir à eux et par exemple, passer la main dans leurs cheveux, les prendre dans leurs bras, leur tenir la main, les embrasser, faire l'amour. Toutes ces initiatives remplissent le réservoir émotionnel de celui pour qui le toucher est l'expression la plus éloquente de l'amour.

TROISIÈME PARTIE

L'AMOUR EN ACTION

Chapitre 9

Découvrir votre langage d'amour

Si vous voulez maintenir plein le réservoir émotionnel de votre conjoint, il est de toute première importance que vous appreniez à parler son langage d'amour familier. Assurons-nous auparavant que vous connaissez bien le vôtre, maintenant que vous avez pris connaissance de ces cinq langages :

1. les paroles valorisantes
2. les moments de qualité
3. les cadeaux
4. les services rendus
5. le contact physique.

Certains individus seront immédiatement en mesure de déceler le langage d'amour préféré de leur conjoint ou le leur. D'autres y parviendront plus difficilement. Peut-être aussi serez-vous indécis comme Éric, avec qui j'ai eu l'occasion d'en parler.

Après avoir entendu parler des cinq principaux moyens de communiquer l'amour, Éric me dit :

— Je ne sais pas. Il me semble que deux de ces langages s'appliquent à même échelle dans mon cas.

— Lesquels ? demandai-je.

— Le contact physique et les paroles valorisantes.

— Qu'entendez-vous par « contact physique » ?

— Principalement la relation sexuelle.

Je creusai un peu plus.

— Aimez-vous quand votre femme passe sa main dans vos cheveux, vous masse le dos, vous prend la main, vous donne un baiser, ou se blottit dans vos bras à des moments autres que les rapports sexuels ?

— Ce sont des sensations agréables. Je ne les dédaigne pas, mais c'est essentiellement à travers nos rapports sexuels que je sais qu'elle m'aime.

Renonçant provisoirement à poursuivre sur le sujet du toucher, j'en vins aux paroles bienfaisantes et demandai à mon interlocuteur :

— Quand vous dites que les paroles élogieuses sont également importantes, lesquelles trouvez-vous les plus utiles ?

— Toutes, pourvu qu'elles soient positives. Quand elle me dit que j'ai fière allure, que je suis débrouillard, que je suis un travailleur endurant, lorsqu'elle exprime son appréciation pour les tâches que j'accomplis dans la maison, quand elle me complimente pour le temps que je consacre aux enfants, quand elle déclare qu'elle m'aime, tout cela revêt une grande importance pour moi.

— Vos parents vous tenaient-ils ce même langage quand vous étiez enfant ?

— Non, pas souvent. Je garde d'eux le souvenir des reproches adressés ou des exigences imposées. Je pense que c'est pour cela que j'apprécie d'autant plus Carole : elle sait souligner ma valeur.

— Si Carole satisfaisait vos besoins sexuels, c'est-à-dire si vous aviez avec elle des rapports sexuels de qualité chaque fois que vous le désirez, mais qu'elle ne cessait de vous bombarder de propos blessants, de critiques amères, de reproches à propos de tout et de rien, parfois même en présence de tierces personnes, pensez-vous que vous vous sentiriez aimé d'elle ?

— Probablement que non. Je crois que je me sentirais trahi et profondément humilié. Je serais sans doute déprimé.

— Éric, je pense que nous venons de découvrir que le langage d'amour auquel vous êtes le plus sensible est celui des paroles valorisantes. Les rapports sexuels sont très importants pour vous, pour développer votre sentiment d'intimité avec Carole, mais ses paroles appréciatives sont encore plus essentielles sur le plan émotionnel. Si Carole vous harcelait constamment de propos négatifs, de reproches et de critiques, et vous rabaissait en public, il viendrait même un temps où vous n'auriez plus envie de faire l'amour avec elle, parce qu'elle serait devenue source de souffrance pour vous.

Éric avait fait une confusion très répandue chez beaucoup d'hommes : prétendre qu'ils sont prioritairement sensibles au langage du toucher parce qu'ils sont très désireux d'avoir des rapports sexuels. Chez l'homme, le besoin sexuel est profondément inscrit dans sa nature. Le désir de relations sexuelles est stimulé par la formation des spermatozoïdes et du liquide séminal dans les testicules. Quand les glandes séminales sont pleines, il se produit chez l'homme un désir physique de les vider. Le désir masculin de rapports sexuels a donc une cause physiologique.

Chez la femme, le désir sexuel s'enracine principalement dans ses émotions. Rien de physique en elle ne la pousse à vouloir des rapports sexuels. Si elle se sent aimée, admirée et appréciée par son mari, elle aura envie d'être physiquement et intimement unie à lui. Mais sans cette proximité affective, son désir d'union sexuelle sera assez faible.

Parce que l'homme est poussé à avoir des relations sexuelles plus ou moins régulières à cause de sa constitution physique, il a tendance à croire que son premier langage d'amour est le toucher. Mais si celui-ci ne lui procure aucun plaisir en dehors des rapports sexuels, il se peut fort bien que ce ne soit pas le langage d'amour auquel il est vraiment sensible. La pulsion sexuelle est différente du besoin émotionnel d'être aimé. Cela ne veut évidemment pas dire que les rapports sexuels n'ont aucune importance, loin de là, mais à eux seuls, ils ne peuvent répondre à son besoin d'amour. Sa femme doit apprendre à parler le langage d'amour qu'il comprend le mieux.

En fait, lorsque l'épouse pratiquera la langue d'amour familière à son mari, remplissant ainsi son réservoir émotionnel et que l'époux fera de même, leur relation sexuelle s'épanouira. En réalité, la plupart des problèmes sexuels existant dans un couple résident moins dans les techniques pratiquées, que dans la satisfaction des besoins émotionnels.

Après une conversation prolongée et une réflexion plus poussée, Éric déclara : « Je crois que vous aviez raison. Les paroles bienfaisantes correspondent effectivement à mon principal langage d'amour. Lorsque ma femme tient à mon égard des propos blessants et acerbes, j'ai tendance à m'éloigner d'elle et à rêver d'autres femmes. En revanche, lorsqu'elle me dit à quel point elle m'apprécie et m'admire, mon désir sexuel s'oriente vers elle. »

Quelle est votre première langue en matière d'amour ? Qu'est-ce qui vous fait le mieux comprendre que votre conjoint vous aime ? Que désirez-vous par-dessus tout ? Si la réponse à ces questions n'est pas instantanée dans votre esprit, peut-être aurez-vous intérêt à considérer l'impact négatif qu'a sur vous un langage d'amour qui ne vous est pas approprié. Dans ce que votre conjoint dit ou fait, ou omet de dire ou de faire, qu'est-ce qui vous blesse profondément ? Si, par exemple, votre souffrance la plus vive est celle provoquée par les paroles critiques et amères de votre conjoint, alors il se pourrait que les paroles bienfaisantes soient justement le langage d'amour le plus parlant pour vous. Si votre conjoint se sert du langage auquel vous êtes le plus sensible, mais de façon négative, vous ressentirez une blessure plus douloureuse que quelqu'un d'autre : non seulement il refuse de vous parler dans votre langage de prédilection, mais il l'utilise comme un couteau qu'il remue dans la plaie.

Je me souviens de Florence qui me dit :

— M. Chapman, ce qui me fait le plus souffrir, c'est que Stéphane refuse de lever le petit doigt pour m'aider à la maison. Il est planté devant la télé pendant que je m'occupe de tout. Je ne comprends vraiment pas comment il peut se comporter ainsi et dire qu'il m'aime.

La blessure la plus vive de Florence, le fait que Stéphane refuse de lui donner un coup de main, révèle quel langage exprime le mieux l'amour pour elle : ce sont les services rendus. Si vous êtes profondément attristé parce que votre conjoint ne vous offre quelque chose que très rarement, il est probable que votre langage d'amour familier est celui des cadeaux. Et si le fait que votre conjoint ne vous consacre presque jamais des moments de qualité est votre plus grande déception, ne cherchez pas plus loin ce qui vous comble le mieux.

Une autre façon de découvrir le langage d'amour qui vous est le plus naturel est de considérer votre mariage et de vous demander : « Qu'ai-je le plus souvent attendu de mon conjoint ? » Vos requêtes les plus fréquentes sont probablement liées à la satisfaction de vos besoins affectifs profonds, et par conséquent en disent long sur votre premier langage d'amour. Votre conjoint a peut-être ressenti votre insistance comme lancinante. Elle traduisait cependant vos efforts pour obtenir de l'amour de sa part.

C'est de cette manière qu'Élisabeth a su quel était le langage d'amour auquel elle était le plus sensible. À la fin d'un séminaire, elle me raconta :

— Chaque fois que je regarde en arrière sur les dix années passées de notre vie conjugale et que je me demande ce que j'ai le plus attendu de Pierre, je vois tout de suite ce qui pour moi exprime le mieux l'amour. J'ai souvent réclamé de mon mari des moments de qualité. Que de fois je l'ai supplié de faire un pique-nique avec moi, de me consacrer un week-end à l'extérieur, d'éteindre la télé pendant une heure pour que nous puissions nous parler tranquillement ! Je me sentais négligée et mal aimée parce qu'il accédait rarement à ma demande. Il m'offrait de jolis cadeaux pour mon anniversaire ainsi qu'à d'autres occasions spéciales, et se demandait toujours pourquoi je n'étais pas plus empressée à me blottir dans ses bras.

En écoutant votre exposé, poursuivit-elle, la lumière a commencé à se faire dans notre esprit. Pendant la pause, mon mari est venu s'excuser auprès de moi pour avoir été si dur et si récalcitrant à mon égard. Il m'a promis que les choses changeraient à l'avenir, et je crois qu'il tiendra parole.

Pour connaître votre langage d'amour privilégié, examinez les paroles ou les actes par lesquels vous faites comprendre à votre conjoint que vous l'aimez. Il est fort probable que vous faites pour lui ce que vous aimeriez qu'il fasse pour vous. Si vous êtes facilement prêt(e) à lui rendre service, il y a de fortes chances pour que le langage des services rendus soit le mieux compris de vous. Si vous êtes particulièrement sensible aux paroles appréciatives d'autrui comme moyen d'expression de son affection, il y a fort à parier que vous-même, communiquez votre amour par ce moyen.

Sachez cependant que cette approche ne vous donne qu'une indication sur le langage d'amour auquel vous êtes le plus sensible. Elle ne vous permet pas d'avoir une certitude absolue. Ainsi, le mari qui a vu son père combler sa mère de cadeaux pour lui témoigner son amour aura tendance à faire de même pour exprimer ses sentiments à sa propre femme. Pourtant, le langage des cadeaux n'est pas celui qu'il comprend le mieux. Il l'adopte parce qu'il l'a hérité de son père.

Vous disposez donc de trois moyens pour découvrir le langage d'amour qui vous est le plus naturel. Récapitulons-les :

- Dans ce que votre conjoint fait ou omet de faire, qu'est-ce qui vous blesse le plus ? L'inverse correspond vraisemblablement au langage d'amour le plus expressif pour vous.
- Qu'avez-vous le plus souvent réclamé de votre conjoint ? C'est probablement ce qui vous donne le mieux le sentiment d'être aimé.
- Comment exprimez-vous généralement votre amour à votre conjoint ? Ce moyen est celui qui, en retour, vous donne le sentiment d'être aimé.

Après vous être posé ces questions, si deux langues vous semblent aussi familières l'une que l'autre, vous êtes en quelque sorte *bilingue*. Dans ce cas, vous facilitez la tâche de votre conjoint qui a le bonheur de pouvoir choisir l'un des deux moyens d'expression pour vous dire qu'il vous aime.

Deux types de personnes peuvent éprouver des difficultés à découvrir leur première langue d'amour. D'une part, celles dont le réservoir émotionnel est plein depuis longtemps. C'est le cas par exemple de l'épouse à qui le mari fait comprendre de plusieurs manières qu'il l'aime ; elle ne sait plus très bien quelle est celle qui lui fait le mieux sentir qu'elle est aimée. D'autre part, l'individu dont le réservoir émotionnel est vide depuis très longtemps, au point qu'il ne se souvient plus de ce qui lui donne le sentiment d'être aimé. Dans les deux cas, il faut revenir loin en arrière, remonter jusqu'à l'expérience de l'obsession amoureuse, et se demander : « À cette époque, qu'est-ce que j'aimais particulièrement chez mon conjoint ? Que disait-il ou que faisait-il qui alimentait mon désir d'être près de lui ? » Ces souvenirs peuvent vous indiquer ce qu'était le langage de l'amour qui vous parlait le plus clairement. Vous pouvez également vous poser cette question : « Quel serait le conjoint idéal pour moi ? Si j'avais le conjoint parfait, quelles seraient ses qualités ? » Le portrait du conjoint idéal vous donne un aperçu du langage d'amour auquel vous êtes sensible.

Cela dit, cette petite recherche de votre premier langage d'amour mérite d'y associer votre conjoint. Faites une liste écrite des cinq langages en les classant du plus important pour vous au moins important. Puis mettez-vous dans la peau de votre conjoint et refaites le classement en vous demandant quel serait son langage n° 1, celui qui lui communique le mieux l'amour. Montrez-lui ce que vous avez trouvé ; donnez-lui la possibilité d'exprimer son point de vue sur votre jugement. Discutez de votre découverte mutuelle.

Une fois cette information partagée, je vous suggère une petite évaluation à pratiquer trois fois par semaine pendant trois semaines. L'un peut demander à l'autre : « Sur une échelle graduée de 0 à 10, à quel niveau estimes-tu ton réservoir émotionnel ? » Le 0 correspond à vide et le 10 à *plein*. Vous indiquez un chiffre qui exprime votre état. Votre conjoint vous demande alors : « Que puis-je faire pour élever le niveau ? »

Vous lui suggérez quelque chose que vous aimeriez qu'il dise ou fasse ce soir-là. Il s'engage à répondre à votre désir du mieux qu'il pourra. Puis vous inversez les rôles de manière à ce que chacun ait l'occasion de connaître le niveau émotionnel de l'autre et puisse remplir son réservoir. Après trois semaines de pratique, vous ne pourrez plus vous en passer, car vous aurez constaté qu'elle stimule l'expression de votre amour conjugal.

Un mari me déclara un jour :

— Je déteste votre jeu. J'ai voulu le faire avec ma femme. En rentrant, je lui ai demandé : « À quel niveau estimes-tu ton réservoir émotionnel ce soir ? »

— À sept, me répondit-elle.

— Que puis-je faire pour qu'il monte à dix ?

— Le plus grand service que tu pourrais me rendre ce soir serait de faire la lessive.

— Amour et lessive ? ai-je rétorqué. Je ne vois vraiment pas le rapport !

Je dis à cet homme :

— C'est justement là votre problème. Peut-être ne comprenez-vous pas le langage d'amour de votre femme. Quel est le langage d'amour le plus explicite pour vous ?

— Le toucher, répondit-il sans la moindre hésitation. Et plus particulièrement l'aspect sexuel du mariage.

— Écoutez-moi bien. Ce que vous ressentez lorsque votre femme exprime son amour par le toucher est ce qu'elle ressent lorsque vous exprimez votre amour en faisant la lessive.

— Qu'elle apporte le linge ! s'écria-t-il. Je le laverai tous les soirs si cela lui fait autant de bien !

Au cas où vous n'auriez pas encore discerné votre langage d'amour privilégié, faites le test du réservoir plein. Lorsque votre conjoint vous demandera : « Que puis-je faire pour le remplir ? », vos suggestions graviteront certainement autour du langage d'amour qui vous est le plus naturel. Il se peut que vous demandiez des choses qui appartiennent aux cinq langages, mais il est probable que l'essentiel se concentrera sur celui qui vous est le plus familier.

Une question vient peut-être à l'esprit de certains lecteurs. Elle m'a été posée par Yann et Hélène, à l'issue d'un séminaire. « M. Chapman, tout ce que vous dites est bien beau, mais que faire lorsqu'on a de la difficulté à apprendre la langue d'amour que comprend parfaitement le conjoint ? »

J'indiquerai la réponse au chapitre 10.

Chapitre 10

L'amour résulte d'une décision

Comment dialoguer dans le langage d'amour auquel les deux conjoints sont sensibles lorsqu'ils sont animés de sentiments d'animosité et qu'ils se reprochent mutuellement leurs manquements passés ? La réponse se trouve dans une caractéristique essentielle de notre nature humaine. Nous sommes des créatures capables de faire des choix. Nous pouvons prendre de mauvaises décisions, ce que nous avons tous fait. Nous avons prononcé des paroles blessantes et commis des actes qui ont fait mal. Nous n'en sommes pas fiers, même si ces choix semblaient justifiés sur le moment. Le fait d'avoir pris de mauvaises décisions dans le passé ne signifie pas que nous devions les répéter dans le futur. Au contraire, nous pouvons dire : « Je regrette. Je sais que je t'ai fait mal, mais je souhaite agir autrement à l'avenir. Je veux t'aimer et te le dire dans le langage que tu comprends. Je m'engage à répondre à tes besoins affectifs. » J'ai vu des mariages être sauvés du divorce au moment où les conjoints ont pris la décision de s'aimer.

L'amour n'efface pas le passé, mais il construit un avenir différent. Quand nous choisissons de communiquer à notre compagnon ou compagne des expressions actives de l'amour qu'il ou elle comprend, nous créons un climat émotionnel propice au règlement de nos conflits et de nos manquements passés.

Frédéric, le visage de pierre, sans expression, était assis dans mon bureau. Il était venu non de sa propre initiative, mais sur ma demande. Une semaine plus tôt, Valérie, sa femme, s'était assise à la même place, incapable d'arrêter le flot de ses larmes. Entre deux sanglots, elle était parvenue à m'expliquer que Frédéric l'avait informée de son intention de la quitter parce qu'il ne l'aimait plus. La pauvre femme était effondrée.

Lorsqu'elle reprit un peu contenance, elle m'expliqua :

— Nous avons tous les deux beaucoup travaillé ces deux ou trois dernières années. C'est vrai que nous ne passions plus autant de temps ensemble qu'autrefois, mais je me disais que nous visions le même objectif. Je n'arrive pas à croire ce qu'il m'a déclaré. Il a toujours été un homme gentil et attentionné, et un bon père pour nos enfants. Comment peut-il nous faire cela maintenant ?

Je l'écoutai tandis qu'elle me décrivait leurs douze années de mariage. C'était une histoire que j'avais entendue maintes fois. Ils avaient vécu un merveilleux temps de fiançailles et s'étaient mariés au sommet de leur amour obsessionnel. Le mariage fut suivi d'une période d'ajustements indispensables. C'était un ménage sans histoire qui s'installait dans la vie comme tant d'autres. Au bout d'un certain temps, ils quittèrent leur orbite d'amour passionné et revinrent sur terre. Mais ils n'apprirent pas suffisamment à s'exprimer dans la langue d'amour comprise par l'autre. Valérie avait vécu plusieurs années avec son réservoir émotionnel seulement à moitié plein. Elle avait toutefois reçu assez de témoignages d'amour pour penser que tout allait bien. Or le réservoir d'amour de Frédéric était vide.

J'avais alors proposé à Valérie de contacter son mari. Quelques jours plus tard, je l'avais appelé.

— Comme vous le savez, lui dis-je, Valérie est venue me voir et m'a fait part de ses luttes et de son désarroi à propos de ce qui se passe dans votre ménage. Je suis prêt à l'aider, mais pour cela, il faudrait que je sache ce que vous pensez de votre côté.

Il n'y vit aucune objection et vint me trouver. Il était donc maintenant assis en face de moi dans mon bureau. Son apparence contrastait singulièrement avec celle de Valérie la semaine précédente. Elle n'avait pas arrêté de pleurer ; lui était stoïque. J'avais toutefois l'impression qu'il avait, lui aussi, versé d'abondantes larmes, mais que cela remontait à des semaines, voire à des mois, et que cela s'était passé dans le secret de son être. Ce qu'il me dit confirma mon pressentiment.

— Je ne l'aime plus, reconnut-il. Je l'ai aimée longtemps. Je ne veux pas lui faire de mal, mais nous

> ne sommes plus proches. Notre relation est devenue superficielle. Je n'ai plus de plaisir à être près d'elle. Je ne sais pas ce qui est arrivé. Je souhaiterais que les choses soient différentes, mais je n'éprouve plus aucun sentiment d'amour pour ma femme.

Frédéric pensait et ressentait ce que des centaines de milliers de maris ont ressenti et pensé tout au long de l'histoire. C'est l'argument « Je ne l'aime plus désormais » qui donne aux hommes la liberté intérieure de chercher l'amour d'une autre femme. Bien sûr le même prétexte se rencontre chez les femmes.

Je comprenais fort bien Frédéric, car j'étais moi aussi passé par là. Des milliers et des milliers de maris et d'épouses sont passés par là. Le réservoir vide, désireux de bien faire, ne voulant pas causer de tort, mais poussés par leurs besoins affectifs à rechercher l'amour en dehors du mariage. Heureusement pour moi, j'ai saisi la différence entre l'expérience du coup de foudre et le besoin émotionnel d'être aimé dès les premières années de mon mariage. Dans notre société, la plupart des gens n'ont pas appris à faire cette différence. Les films, les feuilletons et la presse à sensations ont mélangé ces deux formes de l'amour, et ont grandement contribué à maintenir la confusion dans les esprits. Ce sont pourtant deux états sentimentaux distincts.

Le coup de foudre que nous avons évoqué au chapitre 3 se situe au niveau de l'instinct. Il n'est pas prémédité ; il naît dans le contexte naturel des relations hommes-femmes. Il peut être exalté ou refoulé, mais il ne résulte jamais d'une décision de la volonté. Il est éphémère (généralement deux ans) et remplit pour l'humanité la même fonction que le cri de la cane sauvage qui cherche à s'accoupler.

Le coup de foudre comble temporairement les besoins émotionnels d'amour. Il nous donne le sentiment que quelqu'un prend soin de nous, nous admire et nous apprécie. Notre cœur bondit à la pensée que nous sommes uniques pour une personne, que pour elle nous comptons plus que tout, qu'elle est prête à consacrer temps et énergie exclusivement à notre relation. Pendant une période relativement courte, nos besoins émotionnels sont comblés. Notre réservoir d'amour est plein. Nous nous sentons de taille à partir à la conquête du monde. Rien ne nous paraît impossible. Pour de nombreuses personnes, c'est la première fois qu'elles vivent avec un réservoir émotionnel plein, et cela les rend euphoriques.

Mais avec le temps, nous redescendons des hauteurs où l'amour obsessionnel nous a entraînés et nous revenons sur terre dans le monde des réalités. Si notre conjoint a appris à nous parler dans la langue sentimentale que nous comprenons, nos besoins affectifs continueront d'être comblés. Mais s'il ne se sert pas des mots et des actes qui nous parlent, notre réservoir se videra peu à peu, nous finirons par ne plus nous sentir aimés et probablement par tomber amoureux d'une autre personne. Et le cycle recommencera.

La satisfaction des besoins d'amour de mon conjoint est le résultat d'un libre choix de ma part.

C'est quant à moi une décision que je prends tous les jours. Si je connais le langage d'amour familier de ma femme et que je choisis librement de le parler, ses aspirations émotionnelles les plus profondes seront satisfaites et elle se sentira en sécurité dans mon amour. Si elle fait de même pour moi, mes besoins affectifs seront comblés, et nous vivrons tous les deux avec des réservoirs pleins. Dans cet état de contentement assuré, nous pourrons tous les deux mettre notre créativité au service de projets extérieurs à notre mariage, tout en continuant à veiller à ce que notre union conjugale demeure passionnante et que nos liens s'approfondissent.

Tout en réfléchissant à cela, je fixais le visage inexpressif de Frédéric en me demandant si je pouvais aider cet homme. Au fond de moi, je pressentais qu'il s'était déjà engagé dans une aventure sentimentale avec une autre femme. Peut-être en était-il tombé amoureux, à moins qu'il n'en était qu'au début de cette expérience, ou bien filait-il déjà le *parfait amour* avec elle. Peu d'hommes souffrant de frustration sentimentale quittent leurs épouses avant d'avoir l'espoir que leurs besoins affectifs seront comblés ailleurs.

Frédéric était honnête et reconnut qu'il avait eu une liaison pendant plusieurs mois. Il avait secrètement espéré que son amour pour cette femme s'estomperait et que les relations avec sa femme légitime s'amélioreraient. Mais les choses avaient empiré dans le couple, et son amour pour sa maîtresse avait grandi au point qu'il ne pouvait plus imaginer vivre sans elle.

Frédéric me faisait pitié dans son dilemme. Sincèrement, il ne voulait pas faire souffrir sa femme ni ses enfants, mais en même temps il estimait mériter le bonheur conjugal. Je lui communiquai les statistiques selon lesquelles 60 % des gens qui se remarient après un premier divorce finissent par divorcer une deuxième fois. Il en fut surpris, mais il pensa qu'il ferait partie des 40 % restants. Je lui parlai des recherches effectuées à propos des conséquences du divorce sur les enfants, mais il était persuadé qu'il continuerait à être un bon père pour eux et qu'ils surmonteraient le choc de la séparation de leurs parents. J'exposai à Frédéric le contenu de ce livre, et soulignai la différence entre le coup de foudre et l'engagement à répondre, dans la durée, aux besoins émotionnels du conjoint pour que celui-ci se sente aimé. Je lui présentai les cinq langages essentiels pour communiquer l'amour et l'encourageai vivement à donner une nouvelle chance à son mariage. Pendant tout mon plaidoyer, je me rendais compte que face à la tourmente émotionnelle dans laquelle il se trouvait, mon argumentation intellectuelle et logique n'était qu'un pistolet à eau comparé à de l'artillerie lourde ! Il me remercia de l'intérêt que je portais à leur situation et me demanda de faire tout mon possible pour aider Valérie. Il ajouta toutefois qu'il n'avait plus d'espoir quant à la survie de son mariage.

Un mois plus tard, je reçus un appel téléphonique de Frédéric. Il souhaitait me parler. Cette fois, quand il entra dans mon bureau, il était visiblement troublé. Ce n'était plus l'homme calme, impassible et froid que j'avais rencontré auparavant. Après une brève période d'amour fou, sa maîtresse était redescendue sur terre et avait remarqué en Frédéric certaines choses qui lui avaient déplu. Elle prit ses distances avec lui, et il en fut profondément affecté. C'est avec des larmes dans les yeux qu'il me dit tout ce que cette femme représentait pour lui, et combien il avait du mal à supporter son rejet.

J'écoutai Frédéric avec bienveillance et sympathie pendant une heure avant qu'il ne me demande mon avis. Je lui dis combien je compatissais à sa souffrance, et lui expliquai que ce qu'il ressentait était le chagrin émotionnel naturel consécutif à une perte, chagrin qui ne disparaîtrait pas en une nuit. J'ajoutai cependant avec douceur que ce qu'il expérimentait était inévitable. Je lui rappelai le caractère éphémère du coup de foudre, et le fait que tôt ou tard, nous redescendons tous dans le monde des réalités. Certains voient même l'amour pour le partenaire disparaître totalement avant le mariage, d'autres peu après. Frédéric admit qu'il valait mieux pleurer cette perte d'amour maintenant que plus tard.

Au bout d'un moment, je lui dis que la crise que sa femme et lui traversaient actuellement était peut-être l'occasion pour eux de suivre des séances de thérapie conjugale. Je lui rappelai que l'amour authentique, durable, qui répond aux besoins affectifs du conjoint, procède d'une libre décision ; je lui donnai l'espoir que l'amour-affection pouvait renaître dans leur couple si tous deux apprenaient à se le communiquer dans la langue que l'autre comprend bien. Il accepta ma suggestion de les aider dans cette démarche.

Neuf mois plus tard, Frédéric et Valérie sortirent pour la dernière fois de mon bureau, le visage épanoui : ils avaient sauvé leur union et l'avaient remise sur de bons rails. Quand je revis Frédéric trois ans plus tard, il me raconta combien il était heureux désormais dans sa vie conjugale, et me remercia de l'avoir aidé à un moment crucial de sa vie. Il précisa que le chagrin d'avoir perdu son amante avait disparu depuis longtemps. Il sourit et ajouta :

— Mon réservoir n'a jamais été aussi plein, et Valérie est, me semble-t-il, la plus heureuse épouse que vous puissiez jamais rencontrer.

Heureusement, Frédéric fut le bénéficiaire de ce que j'appelle le « déséquilibre du coup de foudre ». J'entends par là que l'homme et la femme ne tombent presque jamais amoureux l'un de l'autre le même jour, et ils ne sortent pas non plus le même jour de cet état euphorique. Nul besoin d'être un sociologue avisé pour découvrir cette vérité. Écoutez les chansons qui passent sur les ondes. Heureusement que la maîtresse de Frédéric sortit de ce rêve avant lui et avant un éventuel mariage !

Au cours des neuf mois que durèrent nos séances de thérapie conjugale, nous avons abordé les nombreux conflits qu'ils n'avaient jamais résolus avant. Mais la clé du renouveau de leur mariage fut la découverte du langage dans lequel chacun saisissait bien l'amour exprimé par l'autre.

Revenons à la question posée à la fin du chapitre 9 : « Que faire si l'apprentissage de la langue dans laquelle votre conjoint comprend le mieux l'amour ne va pas naturellement de soi ? » C'est une question qui revient fréquemment à la fin de mes séminaires sur le mariage.

Ma femme est sensible à l'expression de mon amour quand je lui rends des services. L'une des activités que j'accomplis régulièrement pour lui montrer que je l'aime est de passer l'aspirateur.

Pensez-vous que cela me vienne naturellement à l'esprit ? Ma mère m'obligeait à faire cette corvée. Durant toutes mes études au lycée, je n'ai eu la permission d'aller jouer au football que lorsque j'avais passé l'aspirateur dans toute la maison. Je me disais alors : « Lorsque j'aurai quitté la maison, s'il y a bien une chose que je ne ferai plus jamais de ma vie, c'est de passer l'aspirateur ! J'épouserai une femme pour le faire ! »

Pourtant, aujourd'hui, je passe l'aspirateur dans la maison. Et de façon régulière. Une seule raison me pousse à le faire : l'amour. Vous pourriez me payer des fortunes pour que je passe l'aspirateur, je ne le ferais pas. Mais l'amour est un puissant incitateur. Voyez-vous, lorsqu'une initiative ne vous vient pas de façon naturelle, elle exprime une plus grande preuve d'amour de votre part. Ma femme sait que lorsque je passe l'aspirateur, c'est par pur amour, un amour qui n'est pas calculé ni mitigé, et j'en reçois d'autant plus de remerciements.

Quelqu'un me rétorquera peut-être : « Mais dans mon cas, c'est différent, M. Chapman ! Je sais que ma femme est sensible au langage du toucher, mais je me sens coincé. Je n'ai jamais vu mon père et ma mère s'embrasser ou se prendre par la taille. Ils ne m'ont d'ailleurs jamais embrassé non plus. Comment dois-je m'y prendre ? »

Vous avez deux mains, n'est-ce pas ? Pouvez-vous les joindre ? Imaginez maintenant que votre femme se trouve entre vos bras et que vous la serriez contre vous. Je suis certain que lorsque vous aurez embrassé votre femme trois mille fois, cela vous sera plus facile. Mais en fait, ce n'est pas la facilité ni l'habitude que nous recherchons. Nous parlons d'amour, et l'amour est une attitude qui nous oriente vers autrui et non vers nous-même, qui recherche le bien d'autrui et non le nôtre. La plupart d'entre nous faisons des choses contraires à notre nature, à commencer par se lever le matin ! Nous luttons contre notre penchant naturel et nous sautons en bas de notre lit. Pourquoi ? Parce que nous savons que notre journée sera bien occupée. Et généralement, quand elle s'achève, nous sommes heureux de nous être levés. Nos actions prévalent sur nos émotions.

Il en est de même pour l'amour. Nous découvrons le langage familier de notre conjoint, celui dans lequel il comprend l'expression de notre amour, et nous décidons de le parler, que cela nous soit naturel ou non. Nous ne recherchons pas des émotions fortes ou une excitation particulière. Nous décidons tout simplement d'agir dans l'intérêt du conjoint. Nous sommes résolus à satisfaire ses besoins émotionnels ; ainsi, son réservoir se remplit et il y a de fortes chances pour qu'à son tour, il s'efforce de parler notre langage préféré en matière d'amour. Nous sommes donc payés de retour et notre réservoir se remplit aussi.

L'amour résulte d'une décision. Chacun des conjoints peut la prendre dès aujourd'hui.

Chapitre 11

L'amour fait une grande différence

L'amour n'est pas notre seul besoin fondamental. Les psychologues en dénombrent d'autres, comme les besoins de sécurité, d'estime de soi, et de reconnaissance. Mais l'amour leur est lié.

Si je me sais aimé de mon compagnon ou ma compagne, je peux me détendre, certain qu'il ou elle ne veut que mon bien. Sa présence me rassure. Mon travail peut me réserver des surprises désagréables, je peux rencontrer des adversaires sur les chemins de la vie, mais auprès de mon conjoint, je me sens en sécurité.

Le sentiment de ma propre valeur s'alimente dans l'amour qu'il me porte. Après tout, s'il m'aime, c'est que je possède une certaine valeur. Mes parents m'ont peut-être communiqué une image négative ou trouble de moi-même, mais mon conjoint me connaît comme adulte et il m'aime. Son amour contribue à rehausser mon estime personnelle.

Le besoin de reconnaissance est une force sous-jacente à presque tous nos comportements. Nous sommes poussés par le désir de réussir, de jouer un rôle significatif. Nous voulons que nos vies laissent un impact. Nous avons tous notre propre idée de ce qui est important pour nous, et nous nous fixons des objectifs en conséquence. Le fait de se savoir aimé du conjoint souligne notre sentiment de signifier quelque chose pour lui. *Si quelqu'un m'aime, c'est que j'ai de la valeur.*

Je suis important parce que je suis le couronnement de la création. J'ai la faculté de raisonner en termes abstraits, de communiquer mes pensées par des mots, et de prendre des décisions. Grâce aux enregistrements ou aux écrits, je peux prendre connaissance des pensées de ceux qui m'ont précédé. Je peux tirer profit de l'expérience d'autrui, même s'il a vécu à d'autres époques et dans des cultures différentes. Je ressens dans ma chair la mort de mes proches et de mes amis, et j'entrevois intuitivement qu'il existe une vie par-delà le matériel. Je constate que dans toutes les cultures, les humains ont cru à un monde spirituel. Mon cœur me dit que c'est vrai, même si mon esprit, formé aux observations scientifiques, pose des questions critiques.

La vie a un sens. Mon existence a une raison d'être. Je veux y croire, mais tant que personne ne m'exprime de l'amour, je peux ne pas mesurer réellement mon importance. Lorsque mon conjoint me consacre de son temps, de son énergie, de ses efforts, je ne doute plus de ma valeur. Sans amour, je risque de passer toute ma vie en quête de reconnaissance, d'estime de moi-même et de sécurité. À partir du moment où une personne m'aime, son amour a un impact positif sur mes autres besoins essentiels. Dégagé du souci de les satisfaire, je peux développer mon potentiel. Davantage assuré de ma propre valeur, je peux diriger mes efforts vers l'extérieur au lieu d'être obsédé par mes besoins. L'amour véritable libère.

Dans le contexte du mariage, si nous ne nous sentons pas aimés, nos différences sont amplifiées. Nous en arrivons à considérer l'autre comme une menace à notre bonheur. Nous luttons pour défendre notre propre valeur ; le mariage devient un champ de bataille au lieu d'être un havre de paix et de félicité.

L'amour n'est pas la réponse à toutes les difficultés, mais il crée un climat de sécurité propice à la recherche de solutions aux problèmes qui nous assaillent. Dans la sécurité que garantit l'amour, les conjoints peuvent mettre au jour leurs divergences et en discuter sans se manquer de respect ou s'emporter. Les conflits peuvent se résoudre. Deux personnes très différentes peuvent apprendre à vivre harmonieusement ensemble. Elles s'attachent alors à découvrir le meilleur chez l'autre. Ce sont là les bienfaits de l'amour.

La décision d'aimer votre conjoint recèle un potentiel considérable. Ce potentiel se traduit concrètement lorsque vous apprenez son langage d'amour préféré. L'amour permet au monde de tourner rond. C'est ce qu'il a fait pour Christine et Thierry.

Ils avaient roulé trois heures jusqu'à mon bureau. Il était évident que Thierry n'avait pas voulu venir. Christine l'y avait forcé en le menaçant de le quitter. (Je ne suggère jamais cette méthode, mais les gens ne peuvent suivre mes suggestions avant de me connaître...) Ils étaient mariés depuis trente-cinq ans et n'avaient jamais rencontré de conseiller conjugal auparavant.

Christine fut la première à prendre la parole.

— M. Chapman, je veux que vous sachiez deux choses d'emblée. D'abord, nous n'avons aucun problème d'argent. Je lisais récemment dans une revue que l'argent est le problème numéro un dans le mariage. Ce n'est pas notre cas. Nous avons travaillé tous les deux pendant des années ; la maison est payée, et nos deux voitures aussi. L'argent n'est absolument pas un problème pour nous. Ensuite, nous ne nous disputons jamais. J'entends parfois mes amies me parler des conflits qui les opposent constamment à leurs maris. Nous n'avons jamais eu de différend. Je ne me souviens pas de la dernière fois où nous avons élevé la voix. Nous savons tous les deux que les disputes ne résolvent rien. C'est pourquoi, nous refusons d'y avoir recours.

En tant que conseiller, j'appréciais beaucoup que Christine déblaie le terrain. Je savais ainsi qu'elle voulait rapidement en venir au fait. Il était évident qu'elle avait bien préparé son introduction pour que nous ne perdions pas notre temps à des futilités. Elle voulait sagement gérer son temps.

Elle poursuivit.

— Voici mon problème : je ne sens aucun amour de la part de mon mari. La vie est devenue uniquement une routine. Nous nous levons le matin pour aller au travail. Dans l'après-midi, il s'occupe de ses affaires, et moi des miennes. Nous dînons généralement ensemble, mais nous n'avons rien à nous dire. Il regarde la télé en mangeant. Après le dîner, il traîne un peu au sous-sol, puis remonte et s'endort sur le canapé devant une émission quelconque, jusqu'à ce que je le réveille afin qu'il aille se coucher. Notre programme est réglé comme du papier à musique cinq jours par semaine. Le samedi matin, il va jouer au golf ; puis il travaille au jardin l'après-midi ; le soir, nous sortons au restaurant avec un autre couple. Il engage la conversation avec nos amis, mais dès que nous nous retrouvons assis dans la voiture pour rentrer chez nous, il n'a plus rien à dire. Une fois à la maison, il s'installe devant la télé et s'endort jusqu'à l'heure du coucher. Le dimanche, nous sortons déjeuner avec des amis, continua-t-elle. De retour à la maison, il somnole devant le petit écran tout l'après-midi. Le soir, nous grignotons quelque chose de léger, et nous montons nous coucher. Voilà comment se déroulent nos semaines. Nous sommes comme des camarades de chambrée qui vivent sous le même toit. Il ne se passe jamais rien entre nous. Je ne ressens aucun amour de sa part. Pas de chaleur, pas de sentiment. Tout est vide, tout est mort. Je ne pense pas pouvoir continuer longtemps ainsi.

À ce moment, Christine fondit en larmes. Je lui tendis un mouchoir et tournai mon regard vers Thierry. Ses premières paroles furent :

— Je ne la comprends pas.

Après un temps de silence, il continua :

— J'ai pourtant fait tout ce que je pouvais pour lui montrer que je l'aime, surtout ces deux ou trois dernières années où elle n'a cessé de se plaindre. Rien ne semble avoir d'effet. Quoi que je fasse, elle continue de clamer qu'elle ne se sent pas aimée. Je ne sais plus que faire.

Je voyais que Thierry était désemparé et exaspéré. Je lui demandai :

— Qu'avez-vous fait pour témoigner votre amour à Christine ?

— D'abord, j'ai commencé par rentrer du travail avant elle pour préparer le dîner. D'ailleurs, si vous voulez connaître la vérité, le repas est presque prêt quand elle rentre quatre soirs par semaine. Le cinquième soir, nous allons dîner dehors. Après le repas, je lave la vaisselle trois fois par semaine ; le quatrième soir, je me rends à une réunion ; mais trois soirs, je lave la vaisselle dès que le repas est terminé. Je passe l'aspirateur partout car elle souffre du dos. Je m'occupe du jardin, car elle est allergique au pollen. Je plie le linge dès qu'il sort du sèche-linge.

Il continua à me dire tout ce qu'il accomplissait pour Christine. Quand il eut fini, je me demandai : *À quoi s'occupe-t-elle donc ? Il ne lui reste pratiquement plus rien à faire.*

— Je fais tout cela pour lui montrer que je l'aime, reprit Thierry, et elle vient de vous dire ce qu'elle ne cesse de me répéter depuis deux ou trois ans, qu'elle ne se sent pas aimée. Je ne sais vraiment pas quoi faire de plus.

— M. Chapman, intervint Christine, tout cela est bien beau. Mais ce que je voudrais, c'est qu'il s'asseye à côté de moi sur le canapé et qu'il me parle. Nous ne nous disons rien. D'ailleurs nous ne nous sommes rien dit pendant trente ans. Il est toujours occupé à laver la vaisselle, passer l'aspirateur, tondre le gazon. Il est toujours occupé à quelque chose. Mais moi, ce que je veux, c'est qu'il vienne vers moi, qu'il me consacre du temps, qu'il me regarde, qu'il me parle de nous, de notre vie.

Christine pleurait de nouveau. Je n'avais aucun doute là-dessus : le langage d'amour qu'elle comprenait était celui des moments de qualité. Elle pleurait pour attirer l'attention. Elle voulait être traitée comme une personne, et non comme un objet. L'activisme de son mari ne comblait pas ses besoins affectifs. En parlant avec Thierry, je me rendis compte que lui non plus ne se sentait pas aimé, mais il ne le disait pas. Il était résigné : « Quand vous êtes mariés depuis trente-cinq ans, que tous vos crédits et factures sont payés, qu'espérez-vous encore ? »

Voilà où il en était. Je lui demandai alors :

— Décrivez-moi la femme idéale selon vous. Si vous aviez une femme parfaite, comment serait-elle ?

Pour la première fois, il me regarda droit dans les yeux et me répondit :

— Voulez-vous vraiment le savoir ?

— Oui, dis-je.

Il se redressa sur le siège et croisa les bras sur sa poitrine. Un large sourire éclairait son visage quand il déclara :

— J'en ai rêvé. La femme idéale serait celle qui rentrerait l'après-midi et me préparerait le repas. Je travaillerais dans le jardin, et elle m'appellerait lorsque le repas serait prêt. Après le dîner, elle ferait la vaisselle ; je l'aiderais quelquefois, mais c'est elle qui assumerait cette responsabilité. Elle recoudrait les boutons de mes chemises.

Christine ne put se contenir plus longtemps. Se tournant vers son mari, elle lui lança :

— Je ne te crois pas. Tu m'as toi-même déclaré que tu aimais cuisiner.

— Cela ne me dérange nullement de cuisiner, mais M. Chapman m'a demandé ce qui serait idéal.

Je n'eus pas besoin d'en savoir davantage. J'avais compris que le langage d'amour explicite pour Thierry était celui des services rendus. Pourquoi pensez-vous qu'il accomplissait tout cela pour Christine ? Parce que cela correspondait à sa façon innée de communiquer son amour. Dans son esprit, c'était la manière de dire à sa femme qu'il l'aimait. Le problème était que Christine ne comprenait pas le langage des services rendus ! Pour elle, ce langage ne signifiait pas du tout ce qu'il aurait exprimé pour son mari si elle lui avait rendu des services.

Quand Thierry commença à comprendre, ses premiers mots furent :

— Pourquoi ne m'a-t-on pas dit ces choses il y a trente ans ? J'aurais volontiers accepté de m'asseoir à côté d'elle un moment, comme elle le voulait, au lieu de m'affairer à mille et une choses.

Il se tourna vers Christine et dit :

— Pour la première fois de ma vie, je comprends enfin ce que tu voulais dire par « nous ne nous disons rien ». Le sens de ces paroles m'échappait. De mon point de vue, nous nous parlions. Tous les matins, je t'ai demandé : « As-tu bien dormi ? » Pour moi, c'était un dialogue. Maintenant je comprends. Tu souhaites que nous nous installions sur le canapé et que nous nous parlions tous les soirs. Je comprends ce que tu entends par là, et je mesure pourquoi c'est tellement important pour toi. C'est le langage d'amour que tu comprends. Nous commencerons ce soir même. Je te consacrerai ce temps que tu désires tous les jours. Tu peux en être sûre.

Christine s'adressa ainsi à son mari :

— Ce sera sublime ; cela ne me dérange pas de te faire à manger. Simplement, nous dînerons plus tard, car je quitte mon travail après toi. C'est avec plaisir que je coudrai les boutons de tes chemises. Jusqu'à présent, tu ne m'as pas donné l'occasion de le faire, car tu les recousais dès qu'ils étaient tombés. Je ferai la vaisselle le restant de mes jours si cela te donne le sentiment d'être aimé.

Christine et Thierry rentrèrent chez eux et commencèrent à s'aimer en parlant chacun le langage d'amour auquel l'autre était sensible. En moins de deux mois, ils vécurent une seconde lune de miel. Ils me téléphonèrent des Bahamas pour me dire qu'un changement radical était intervenu dans leur vie de couple.

L'amour-sentiment peut-il renaître dans un couple ? Soyez certains que oui ! La condition ? Apprendre à parler le langage d'amour compréhensible de votre conjoint et s'engager à le pratiquer.

Chapitre 12

Aimer celui qui n'est pas aimable

C'était un magnifique samedi de septembre. Ma femme et moi errions dans les allées d'un superbe jardin privé ayant appartenu autrefois à un milliardaire excentrique, et nous contemplions la flore, importée en partie de tous les coins du monde. Nous venions juste de dépasser la roseraie quand je reconnus Anne, une femme qui avait débuté une session de relation d'aide deux semaines plus tôt. Elle marchait dans notre direction. Les yeux fixés sur le gravier du sentier, elle semblait plongée dans ses pensées. Lorsque je la saluai, elle parut surprise, puis sourit. Je la présentai à Karolyn, et nous échangeâmes quelques banalités. Puis, sans crier gare, elle me posa l'une des questions les plus difficiles que j'aie jamais entendues.

— M. Chapman, est-il possible d'aimer une personne que vous haïssez ?

Je savais que sa question s'enracinait dans une blessure profonde et qu'elle méritait une réponse réfléchie. Je savais également que j'avais rendez-vous avec cette femme la semaine suivante pour une autre séance de relation d'aide. Aussi lui répondis-je :

— Anne, votre question est de celles qui nécessitent une mûre réflexion. Pourquoi n'en parlerions-nous pas la semaine prochaine ?

Elle acquiesça. Karolyn et moi avons alors continué notre flânerie. Mais le fardeau d'Anne ne s'était pas envolé.

Un peu plus tard, tandis que nous roulions ma femme et moi vers la maison, ce problème fit l'objet de notre discussion. Nous avons évoqué les premiers temps de notre mariage et nous nous sommes souvenus qu'il nous était plusieurs fois arrivé d'éprouver mutuellement des sentiments de haine. Les propos amers que nous échangions alors nous blessaient cruellement, faisant naître une colère réciproque. Lorsque la colère est refoulée, elle engendre la haine. Qu'est-ce qui faisait la différence pour nous ? Nous avions décidé de nous aimer. Nous nous sommes rendu compte que si nous continuions sur le chemin des revendications et des récriminations, nous finirions par détruire notre couple. Au bout d'un an, heureusement, nous avions appris à discuter de nos divergences, à prendre des décisions sans ruiner notre unité, à faire des suggestions sans rien exiger, et à nous exprimer dans le langage d'amour-propre à chacun. Le choix de nous aimer réciproquement fut fait alors que nous éprouvions l'un pour l'autre des sentiments négatifs. À partir du moment où nous avons chacun commencé à parler le langage dans lequel l'autre comprenait l'amour exprimé par son conjoint, les sentiments de colère et de haine se sont estompés.

Anne était cependant dans une situation différente de la nôtre. Karolyn et moi étions tous deux disposés à apprendre et à croître. Je savais qu'il n'en était pas de même pour le mari d'Anne. La semaine précédente, elle m'avait dit l'avoir supplié de recourir à des séances de thérapie conjugale ou de lire des livres sur le mariage. Rien à faire, il repoussait obstinément ses suggestions. D'après ce qu'elle me racontait, il raisonnait ainsi : « Moi, je n'ai pas de problème. C'est toi qui en as ». Dans son esprit, il avait raison, et elle avait tort. C'était aussi simple que cela. Au fil des années, les critiques et les reproches constants de son mari avaient peu à peu tué les sentiments d'amour qu'elle avait éprouvés envers lui. Après dix ans de mariage, l'énergie émotionnelle d'Anne était épuisée et son estime d'elle-même au plus bas. Existait-il encore un espoir pour son couple ? Pouvait-elle aimer un mari aussi peu aimable ? Réagirait-il favorablement à son amour ?

Je savais qu'Anne était très pieuse et qu'elle fréquentait régulièrement l'église. Je devinais qu'elle plaçait dans sa foi tout son espoir de sauver son mariage. Le jour suivant, en pensant à Anne, je commençai à lire la biographie du Christ présentée par Luc. J'ai toujours eu un faible pour cet évangile car Luc était un médecin qui accordait beaucoup d'importance aux détails et qu'il a présenté un récit ordonné des enseignements et de la vie de Jésus de Nazareth. Dans le passage souvent intitulé « le Sermon sur la montagne », je lus les paroles suivantes, que je considère comme le plus grand défi de l'amour :

> *Mais je vous dis, à vous qui écoutez : Aimez vos ennemis, faites du bien à ceux qui vous haïssent, bénissez ceux qui vous maudissent, et priez pour ceux qui vous maltraitent… Ce que vous voulez que les hommes fassent pour vous, faites-le pareillement pour eux. Si vous aimez ceux qui vous aiment, quel gré vous en saura-t-on ? Les pécheurs aussi aiment ceux qui les aiment.*
>
> **La Bible, Évangile de Luc 6.27-28, 31-32**

Il me sembla que ce grand défi, lancé il y a presque deux mille ans, était ce qu'Anne cherchait à atteindre. Mais le pourrait-elle ? Existe-t-il une seule personne capable de relever un tel défi ? Est-il possible d'aimer un conjoint devenu notre ennemi ? D'aimer celui qui vous a maudit, vous maltraite, vous abreuve de mépris et de haine ? Si Anne y réussissait, serait-elle payée de retour ? Son mari changerait-il et commencerait-il à lui témoigner de l'amour et à l'entourer d'attentions ? Je restai abasourdi devant cette autre parole de Jésus :

Donnez, et l'on vous donnera ; on versera dans votre sein une bonne mesure, serrée, secouée et qui déborde ; car on mesurera avec la mesure dont vous mesurez.

La Bible, Évangile de Luc 6.38

Ce principe ancien qui consiste à aimer celui qui n'est pas aimable s'appliquait-il dans le cas d'un mariage aussi malmené que celui d'Anne ? Compte tenu du désir d'Anne de sauver son mariage, je décidai de tenter une expérience. J'émis l'hypothèse suivante : si Anne parvenait à apprendre le langage d'amour auquel son mari était sensible et le parlait assez longtemps pour remplir son réservoir émotionnel, il finirait par agir de même et lui exprimerait de l'amour. Je m'interrogeai cependant : *est-ce que ça allait marcher ?*

Je rencontrai Anne la semaine suivante et l'écoutai passer en revue les horreurs de son mariage. À la fin de son inventaire, elle réitéra la question qu'elle m'avait posée dans le parc. Cette fois, elle l'exprima sous une forme plus directe :

— M. Chapman, je ne sais pas si je pourrai de nouveau l'aimer un jour, après tout ce qu'il m'a fait subir.

— Avez-vous parlé de votre situation avec certaines de vos amies ? demandai-je.

— Avec deux de mes meilleures amies, et j'en ai soufflé quelques mots à d'autres.

— Comment ont-elles réagi ?

— « Quitte-le ! » Toutes m'ont conseillé de le quitter, en me disant qu'il ne changerait jamais et que je ne faisais que prolonger mon agonie. Mais je n'arrive pas à me résoudre à cette extrémité. Peut-être le devrais-je, mais j'ai du mal à croire que ce soit la bonne solution.

— Il me semble que vous êtes tenaillée entre vos principes religieux et moraux qui vous disent que le divorce n'apportera rien de bon, et votre souffrance émotionnelle qui vous présente cette issue comme le seul moyen de survie.

— C'est tout à fait cela, M. Chapman. C'est exactement mon dilemme. Je ne sais vraiment pas quoi faire.

— Je suis de tout cœur avec vous dans votre lutte, dis-je. Vous traversez une situation très difficile. J'aimerais pouvoir vous proposer une solution facile. Malheureusement, je n'en ai pas. Les deux solutions que vous avez mentionnées, quitter votre mari ou rester avec lui, entraîneront chacune leur lot de souffrances. Avant que vous ne preniez votre décision, j'ai quand même une idée à vous soumettre. J'aimerais vous proposer une démarche, tout en ne sachant pas si elle réussira. D'après ce que vous m'avez déclaré, la foi joue un rôle essentiel pour vous.

Elle hocha la tête en signe d'affirmation. Je poursuivis :

— J'aimerais vous lire quelques paroles prononcées par Jésus et qui, à mon avis, s'appliquent à votre vie conjugale. Je lus le passage avec une lenteur délibérée.

« Mais je vous dis, à vous qui écoutez : Aimez vos ennemis, faites du bien à ceux qui vous haïssent, bénissez ceux qui vous maudissent, et priez pour ceux qui vous maltraitent… Ce que vous voulez que les hommes fassent pour vous, faites-le pareillement pour eux. Si vous aimez ceux qui vous aiment, quel gré vous en saura-t-on ? Les pécheurs aussi aiment ceux qui les aiment. »

Ces personnages évoqués par Jésus ne ressemblent-ils pas à votre mari ? Ne vous a-t-il pas traitée comme une ennemie plutôt que comme une amie ? demandai-je.

Elle le confirma.

— Vous a-t-il maudite ?

— Plusieurs fois.

— Vous a-t-il maltraitée ?

— Souvent.

— Vous a-t-il dit qu'il vous haïssait ?

— Oui.

— Anne, si vous êtes d'accord et seulement si vous l'êtes, je voudrais tenter une expérience. J'aimerais voir ce qui va se passer si vous appliquez à votre mari le principe énoncé par Jésus. Je m'explique.

Je lui démontrai la théorie du réservoir. Comme le sien était vide, Anne ne pouvait plus éprouver des sentiments d'amour envers son mari, mais ressentait seulement du vide et de la souffrance. Parce que l'amour est un besoin fondamental, son absence provoque peut-être la souffrance émotionnelle la plus vive. Je dis à Anne que si des conjoints parvenaient chacun à apprendre le langage d'amour de l'autre, ils seraient à même de satisfaire leurs besoins affectifs réciproques et de faire renaître entre eux des sentiments positifs.

— Vous sentez-vous de taille pour vous aventurer dans cette voie ?

— M. Chapman, vous venez de décrire ma vie. Je n'ai jamais vu les choses aussi clairement jusque-là. Avant notre mariage, nous étions éperdument amoureux l'un de l'autre. Mais peu après, nous sommes redescendus sur terre. Malheureusement, nous n'avons jamais appris à parler le langage affectif de l'autre. Mon réservoir est vide depuis des années, et je suis sûre que celui de mon mari l'est aussi. Si j'avais compris ce concept plus tôt, je pense que nous n'en serions pas là aujourd'hui.

— Anne, le passé est le passé, et nous ne pouvons rien y changer. Tout ce que nous pouvons faire, c'est nous arranger pour que l'avenir soit différent. Je vous propose un essai étalé sur six mois.

— Je suis prête à tout essayer.

J'appréciai énormément les bonnes dispositions d'Anne, mais je me demandai si elle mesurait réellement à quel point l'expérience serait ardue.

— Commençons par fixer nos objectifs, proposai-je. Quel est le vœu le plus cher que vous aimeriez voir réalisé dans six mois ?

Anne resta assise en silence pendant un bon moment. Puis elle dit lentement :

— Je voudrais qu'Alexandre m'aime à nouveau et me le prouve en passant du temps avec moi. Que nous entreprenions à nouveau des activités communes, que nous allions ensemble en différents endroits. Qu'il s'intéresse à mon univers. Que nous nous parlions lorsque nous sortons au restaurant tous les deux. Qu'il m'écoute. J'aimerais sentir qu'il estime mes idées. Que nous fassions de nouveau des voyages ensemble et que nous y trouvions du plaisir. J'aimerais constater qu'il tient à notre union plus qu'à toute autre chose.

Elle marqua une pause et continua.

— De mon côté, j'aimerais éprouver pour lui des sentiments chaleureux et positifs. Retrouver de la considération pour mon mari. Être fière de lui. Actuellement, ce n'est pas le cas.

J'écrivais ce qu'Anne disait. Quand elle eut fini de parler, je lui relus à voix haute ce qu'elle avait déclaré.

— C'est un très bel objectif, ajoutai-je, mais est-ce vraiment ce que vous voulez atteindre, Anne ?

— Actuellement, cela me paraît hors d'atteinte, M. Chapman, mais c'est vraiment, par-dessus tout, ce que je voudrais obtenir.

— Dans ces conditions, considérons cet objectif comme le but que nous nous fixons. Nous souhaitons que dans six mois, vous et Alexandre ayez cette merveilleuse relation d'amour. Permettez-moi toutefois de préciser un point. Le but de l'expérience est de découvrir si l'hypothèse que j'avance est juste ou non. Supposons ceci : pendant six mois, vous arrivez à parler à Alexandre le langage d'amour qu'il comprend, ses besoins affectifs sont comblés peu à peu, le niveau de son réservoir monte et il commence à vous témoigner son amour en retour. Cette hypothèse repose sur l'idée que notre besoin d'amour est le besoin émotionnel le plus fondamental et que s'il est satisfait, il nous incite à réagir positivement envers la personne qui l'a comblé.

Vous comprenez, poursuivis-je, que dans cette hypothèse tout dépend de vous. Alexandre n'essaie pas du tout d'améliorer ses relations avec vous. Vous, si. Toujours dans cette hypothèse, si vous arrivez à canaliser votre énergie dans la bonne direction, il existe une forte probabilité pour qu'Alexandre finisse par réagir de la même façon que vous.

Je lui lus également l'autre passage du sermon de Jésus, rapporté par Luc, le médecin :

« Donnez, et l'on vous donnera ; on versera dans votre sein une bonne mesure, serrée, secouée et qui déborde ; car on mesurera avec la mesure dont vous mesurez. »

Comme je comprends ce passage, Jésus énonce un principe plutôt qu'un moyen pour manipuler les gens. De manière générale, si nous sommes aimables avec les autres, ils ont tendance à se montrer aimables avec nous. Mais cela ne signifie pas que nous pouvons rendre une personne aimable en étant aimable avec elle. Nous sommes tous des agents indépendants et libres. Nous pouvons donc témoigner beaucoup d'amour et ne pas être payés de retour pour autant ; l'autre peut ne pas nous aimer, et pire encore, il peut nous cracher au visage. Vous n'avez aucune garantie qu'Alexandre répondra positivement à votre amour. Nous pouvons tout au plus dire qu'il existe une forte probabilité pour qu'il le fasse. (Un conseiller ne peut jamais prédire avec une entière certitude le comportement d'un individu. Il peut simplement dire comment une personne agira probablement dans une situation donnée, d'après les nombreuses études effectuées sur les types de personnalités.)

Lorsque nous fûmes d'accord sur ce point, je dis à Anne :

— Examinons maintenant quels sont les langages dans lesquels vous et votre mari comprenez le mieux l'amour de l'autre. D'après ce que vous m'avez déjà raconté, je suppose que vous êtes particulièrement sensible à l'amour exprimé par les moments de qualité. Ai-je raison ?

— Je le crois, M. Chapman. Dans les premiers temps de notre mariage, Alexandre et moi passions beaucoup de temps ensemble, nous nous parlions pendant des heures, il m'écoutait attentivement et nous faisions quantité de choses en amoureux. Je me sentais vraiment aimée. Plus que tout, j'aimerais retrouver ces conditions de vie conjugale. Quand nous sommes l'un près de l'autre, j'ai le sentiment qu'il prend soin de moi, mais s'il est toujours occupé ailleurs, ne prend jamais le temps de me parler, ou d'entreprendre quoi que ce soit avec moi, je me sens désemparée et inutile, puisque pour lui, la poursuite d'autres activités est plus importante que notre relation.

— À votre avis, quel est le langage que comprend le mieux Alexandre en matière d'amour ?

— Je pense que c'est le toucher, et plus particulièrement la relation sexuelle. Je sais que lorsque je me sentais davantage aimée de lui et que nous avions une vie sexuelle plus active, il se comportait autrement. Je crois bien que c'est son langage amoureux préféré.

— Lui arrive-t-il de se plaindre de la façon dont vous lui parlez ?

— Il dit que je rouspète toujours après lui, et prétend que je ne le supporte pas, que je suis systématiquement contre les idées qu'il émet.

— Admettons donc que le toucher corresponde à sa première langue, et que les paroles bienfaisantes soient sa deuxième langue. La raison qui me pousse à mentionner la seconde, c'est le fait que s'il se plaint des paroles négatives, il accueillera probablement avec plaisir des propos d'appréciation. Voici comment je vous propose de mettre en œuvre notre expérience. Rentrez chez vous et dites à votre mari : « J'ai beaucoup réfléchi à notre situation et j'ai décidé de tout faire pour être une meilleure épouse. Je suis ouverte à toutes les suggestions que tu pourrais me faire dans ce sens. Tu peux me dire tout de suite ce que tu en penses ou réfléchir et me faire connaître ton sentiment plus tard, mais sache que je désire sincèrement devenir une meilleure épouse pour toi. » Quelle que soit sa réaction, négative ou positive, il aura entendu l'information. Vos paroles lui auront fait savoir que dorénavant quelque chose va changer dans vos relations.

Puis, vu qu'à votre avis sa première langue bien comprise en matière d'amour est celle du toucher et que la seconde, d'après moi, est celle des paroles bienfaisantes, concentrez pendant un mois toute votre attention sur ces deux domaines.

Si Alexandre vous dit ce qu'à ses yeux vous devez faire pour devenir une meilleure épouse, acceptez son conseil et intégrez-le dans votre plan. Recherchez ce qu'il y a de bien dans sa vie et ne tarissez pas d'éloges à cet égard. Parallèlement, cessez de lui adresser des reproches verbaux. Si vous avez envie de vous plaindre, il vaut mieux, pendant ce mois, l'écrire... pourquoi pas dans un carnet personnel, que le lui dire en face.

Commencez à prendre plus d'initiatives en matière de toucher et de rapports sexuels. Surprenez-le en vous montrant active et coopérante, au lieu de simplement céder à ses avances. Imposez-vous par exemple d'avoir des rapports sexuels au moins une fois par semaine pendant les deux premières semaines, puis deux fois par semaine les deux semaines suivantes.

Anne m'avait confié qu'elle et son mari n'avaient fait l'amour qu'une ou deux fois au cours des six derniers mois. Je me dis que ce programme améliorerait rapidement la situation.

— M. Chapman, ce que vous me suggérez m'est très difficile. Je n'arrive pas à me comporter de façon active au cours d'une relation sexuelle s'il m'ignore le reste du temps. Je me sens plutôt exploitée et violée qu'aimée, quand cela arrive. Il agit comme si j'étais moins que rien la plupart du temps et voudrait ensuite que je le rejoigne de gaieté de cœur dans le lit pour faire l'amour ! J'ai horreur de cela. Je suppose que c'est pour cette raison que nous n'avons pas eu beaucoup de rapports sexuels ces dernières années.

— Votre réaction était naturelle et normale, assurai-je à Anne. Pour la plupart des femmes, le désir d'intimité sexuelle avec leur mari naît du sentiment d'être aimées de lui. Si elles se sentent aimées, elles désirent l'intimité sexuelle. Si elles ne se sentent pas aimées, elles ont le sentiment d'être exploitées sexuellement. Voilà pourquoi il est si difficile d'aimer quelqu'un qui ne vous aime pas. Cela va à l'encontre de notre tendance naturelle. Vous pourrez vous appuyer sur votre foi en Dieu pour le faire. Vous pourrez aussi relire les paroles de Jésus à propos de l'amour envers nos ennemis, envers ceux qui nous haïssent, ceux qui nous exploitent. Puisque vous croyez en Dieu, demandez-Lui de vous aider à mettre en pratique les enseignements de Jésus.

Anne comprenait fort bien ce que je disais. Elle approuvait de la tête. Son regard m'indiqua cependant qu'elle avait encore beaucoup de questions au bord des lèvres.

— Mais, M. Chapman, n'est-ce pas pure hypocrisie que de faire l'amour avec mon mari alors que j'éprouve des sentiments tellement négatifs envers lui ?

— Il est bon de faire une distinction entre l'amour-sentiment et l'amour-action. Si vous faites croire que vous éprouvez de l'amour alors que ce n'est pas vrai, vous êtes hypocrite, et une communication trompeuse n'est pas le meilleur moyen de consolider une relation intime. Mais si vous accomplissez un acte d'amour dans l'intérêt de l'autre ou pour son plaisir, c'est un choix que vous faites. Vous ne prétendez pas que votre acte découle d'un grand amour. Vous décidez simplement de faire quelque chose dans son intérêt. À mon avis, c'est ce que Jésus a voulu dire.

Nous ne pouvons certainement pas éprouver des sentiments d'amour envers ceux qui nous haïssent ; ce serait anormal. Mais nous pouvons accomplir des actes d'amour pour eux. C'est un choix que nous faisons. Nous espérons que de tels actes empreints d'amour exerceront une influence bénéfique sur eux et modifieront leurs attitudes, leurs comportements et les traitements qu'ils nous infligent. Au moins aurons-nous décidé d'entreprendre quelque chose de positif à leur égard.

Ma réponse parut satisfaire Anne, en tout cas pour l'instant. J'étais presque sûr que la question reviendrait plus tard sur le tapis. Je savais aussi que si cette expérience difficile réussissait, ce serait en grande partie à cause de la volonté et de la foi profonde de cette jeune femme.

À la fin du premier mois, poursuivis-je, j'aimerais que vous demandiez à votre mari ce qu'il pense de votre comportement. Avec vos propres mots, questionnez-le dans ce sens : « Alexandre, tu te souviens qu'il y a quelques semaines, je t'ai dit que je m'efforcerais d'être une meilleure épouse. Comment juges-tu mes efforts ? » Quelle que soit sa réponse, prenez-la comme une information. Il peut se montrer sarcastique, désinvolte, hostile ou au contraire élogieux. Quoi qu'il dise, ne discutez pas, acceptez et assurez-lui que vous êtes sérieuse, que vous voulez vraiment vous améliorer et que vous êtes toujours ouverte à ses suggestions.

Une fois par mois pendant les six mois, interrogez-le pour savoir ce qu'il pense. S'il fait une remarque positive et vous déclare par exemple : « Tu sais, je dois t'avouer que la première fois où tu m'as dit vouloir tout faire pour être une meilleure épouse, j'ai souri intérieurement, mais je reconnais aujourd'hui que la situation est déjà singulièrement différente », alors vous saurez que vos efforts commencent à porter leurs fruits dans son être émotionnel. Il se peut qu'il fasse la première observation positive dès la fin du premier mois, comme il peut ne la faire qu'au terme du deuxième ou du troisième mois. Une semaine après avoir reçu le premier témoignage favorable de sa part, je vous suggère de formuler une requête auprès de lui. Demandez-lui quelque chose qui vous fait plaisir, qui soit en accord avec votre langage familier en matière d'amour. Vous pouvez par exemple lui demander un soir : « Alexandre, sais-tu ce que j'aimerais faire avec toi ? Te souviens-tu qu'autrefois nous avions l'habitude certains soirs de cuisiner tous les deux, de dîner en tête-à-tête et de regarder ensuite un bon film ? Que dirais-tu de faire ça mardi soir ? Les enfants resteront pour la soirée et la nuit chez Marie. Qu'en penses-tu ? »

Présentez une requête concrète et non un vague désir. Ne dites pas : « J'aimerais que nous passions davantage de temps ensemble. » C'est trop flou. Quand sauriez-vous qu'il a accédé à votre demande ? En revanche, si vous demandez quelque chose de précis, il sera au clair là-dessus, et s'il vous l'accorde, il l'aura fait librement, dans votre intérêt.

Demandez-lui une faveur spécifique tous les mois. S'il y consent, c'est bien. S'il vous l'accorde, vous saurez qu'il répond à vos besoins affectifs. Dans cette démarche, vous lui faites connaître le langage dans lequel vous saisissez le mieux l'expression de l'amour, car votre requête s'inscrit dans cette trajectoire. S'il décide d'exprimer son amour dans votre langage préféré, vos sentiments d'amour pour lui referont surface, votre réservoir se remplira. À terme, votre vie de couple sera remise sur de bons rails.

— M. Chapman, je ferais n'importe quoi pour qu'il en soit ainsi.

— Vous vous attelez à une rude tâche, mais je crois que cela en vaut la peine. Je suis personnellement impatient de voir si l'expérience réussira et surtout si notre hypothèse de départ se vérifiera pour votre bien. J'aimerais vous revoir régulièrement tout au long de ce processus pour vous soutenir, par exemple tous les quinze jours. Notez les paroles appréciatives dont vous gratifiez votre mari, et apportez-moi le carnet où vous inscrivez les plaintes que vous vous êtes interdit de formuler à haute voix. En fonction d'elles, je pourrai peut-être vous aider à présenter à votre mari des requêtes particulières qui contribueront à résorber certaines de vos frustrations. Plus tard, je vous dirai comment partager de manière constructive vos frustrations et vos irritations ; je vous donnerai des pistes, à vous et à Alexandre, pour gérer vos conflits. Mais pendant cette période de six mois, n'en parlez pas à votre compagnon, contentez-vous de les coucher sur papier.

Anne s'en alla. Elle détenait quelques pistes de réponse à sa question : « Est-il possible d'aimer une personne que vous haïssez ? »

Au cours des six mois suivants, Anne constata un changement considérable dans l'attitude de son mari et dans sa façon de la traiter. Le premier mois, il se montra désinvolte et prit la chose à la légère. À la fin du deuxième mois, il fit des remarques élogieuses sur les efforts qu'elle fournissait. Au cours des quatre derniers mois, il lui accorda presque tout ce qu'elle demandait. Les sentiments d'Anne pour lui changèrent de fond en comble. Alexandre ne vint jamais me trouver, mais il accepta de lire un de mes ouvrages sur le mariage et d'en discuter avec sa femme. Il encouragea Anne à poursuivre ses séances de thérapie conjugale, ce qu'elle fit encore pendant trois mois après la fin de l'expérience. Aujourd'hui, Alexandre jure devant tous ses amis que je suis un faiseur de miracle. Moi, je sais que c'est l'amour qui fait des miracles.

Peut-être faudrait-il qu'un miracle se produise dans votre couple aussi. Pourquoi ne pas tenter l'expérience d'Anne ? Dites à votre conjoint que vous avez réfléchi à propos de votre vie conjugale et que vous avez décidé de mieux faire pour satisfaire ses besoins d'amour. Demandez-lui ce qui selon lui devrait changer en vous. Ses suggestions seront pour vous un précieux indice pour apprendre la langue dans laquelle il comprendra l'expression de votre amour. S'il ne vous suggère rien, vous pourrez deviner quel est ce langage en vous appuyant sur les choses qu'il vous a reprochées les dernières années. Ensuite, portez toute votre attention sur l'apprentissage de cette langue. À la fin de chaque mois, demandez à votre conjoint ce qu'il pense de votre démarche et encouragez-le à vous faire d'autres suggestions.

À partir du moment où il vous dit avoir remarqué un progrès dans votre attitude, laissez s'écouler une semaine et demandez-lui alors un service précis, auquel vous attachez une grande importance. S'il vous l'accorde, vous comprendrez qu'il répond à vos besoins. Dans le cas contraire, continuez à l'aimer. Peut-être consentira-t-il le mois suivant à satisfaire votre requête. Dès lors que votre conjoint commencera à exprimer son amour dans un langage que vous comprenez bien, en exauçant vos souhaits, votre amour pour lui renaîtra, et votre vie de couple connaîtra un nouveau départ. Je ne peux évidemment pas garantir le succès. Mais un grand nombre de personnes qui se trouvaient dans la situation d'Anne et que j'ai eu le bonheur d'aider ont expérimenté le miracle de l'amour.

Chapitre 13

Les enfants et les langages d'amour

Le concept des langages de l'amour s'applique-t-il aux enfants ? C'est une question qui m'est souvent posée dans mes séminaires. Je réponds « oui » sans hésiter. Vous ne pouvez pas savoir à quel langage d'amour l'enfant est sensible quand il est encore petit. Exprimez votre amour dans chacun des cinq langages, et vous serez sûr de faire mouche. Mais si vous observez le comportement de votre enfant, vous découvrirez très tôt quel est le langage d'amour qu'il comprend le mieux.

Mickaël a six ans. Quand son père rentre du travail, il saute sur ses genoux, se redresse et passe sa main dans les cheveux de l'adulte pour le décoiffer. Que dit implicitement Mickaël à son père ? « J'aimerais que tu me touches. » Il établit un contact physique avec son père pour être touché à son tour. La première langue dans laquelle Mickaël ressent l'amour est celle du toucher.

Jérémie vit dans l'appartement voisin. Il a cinq ans et demi, et joue souvent avec Mickaël. Mais quand son père revient à la maison le soir, celui-ci se trouve devant un autre scénario.

— Viens vite, Papa, je veux te montrer quelque chose. Viens!

— Une minute, Jérémie, je jette d'abord un coup d'œil sur le journal.

Jérémie s'en va mais revient quinze secondes plus tard.

— Papa, viens vite! Viens dans ma chambre. C'est une surprise! Allez, viens!

— Une minute, fiston. Laisse-moi finir cet article.

La mère appelle l'enfant qui sort à contrecœur du salon. Elle lui explique que son père est fatigué et lui demande de le laisser tranquillement lire son journal quelques instants.

— Mais Maman, rétorque Jérémie, je voudrais montrer à Papa ce que j'ai fait!

— Je sais, mais laisse Papa tranquille cinq minutes!

Six secondes plus tard, Jérémie est de retour auprès de son père, mais au lieu de réitérer sa demande, il arrache le journal des mains en riant.

— Que fais-tu, Jérémie?

— Je veux que tu viennes dans ma chambre voir ce que j'ai fait pour toi.

En somme, que réclame Jérémie? Un moment de qualité de la part de son père. Il veut son attention sans partage et ne cessera pas de l'importuner tant qu'il n'aura pas gain de cause, même s'il doit faire une scène pour cela.

Si votre enfant prépare souvent des petits cadeaux qu'il a enveloppés avec amour et vous les offre avec des yeux brillants de joie, il est sans doute très sensible lui-même au langage des cadeaux. Il donne dans l'espoir de recevoir en retour. Si vous constatez que votre fils ou votre fille aide son petit frère ou sa petite sœur, vous pouvez, sans risque de vous tromper, en déduire qu'il ou elle est porté(e) sur le langage des services rendus. Si l'enfant répète souvent que vous êtes beau, que vous êtes un gentil papa ou une merveilleuse maman, que vous avez bien réussi le gâteau ou la tonte du gazon (!), il est enclin à utiliser et à bien comprendre le langage des paroles valorisantes.

Tout cela se passe dans son subconscient. L'enfant ne calcule pas : « Si j'offre un cadeau, mes parents m'en offriront à leur tour. Si je câline, je serai câliné. » Mais son comportement n'en est pas moins dicté par ses besoins affectifs. Une fillette a peut-être appris par expérience que si elle dit ou fait certaines choses, ses parents réagiront toujours de la même manière. Elle s'arrangera donc pour dire ou faire ce qui lui vaudra la satisfaction de ses besoins affectifs. Si leurs besoins émotionnels sont comblés, les enfants deviendront plus tard des adultes responsables. Dans le cas contraire, ils pourront vouloir transgresser les normes établies, se mettre en colère contre leurs parents qui n'ont pas su répondre à leurs besoins, et rechercher l'affection dans des voies néfastes.

Le Dr Ross Campbell, le psychiatre qui m'a le premier parlé du réservoir émotionnel, déclare que pendant toutes les années où il s'est occupé d'adolescents ayant eu des comportements sexuels à risque, il n'a jamais eu affaire à un jeune dont les parents avaient su combler les besoins d'amour. À son avis, la plupart des dérapages sexuels sont dus à un réservoir émotionnel vide.

Il a souvent entendu ces jeunes dire : « Mes parents ne m'aiment pas. Ils ne m'ont jamais aimé. Ils aiment mon frère, mais moi, non. » Les parents aiment-ils réellement l'adolescent ? En général, oui. Où est le problème, alors ? Il est très probable que les parents n'aient jamais appris à communiquer leur amour dans un langage que l'enfant peut comprendre.

Ils lui ont peut-être acheté un ballon ou un vélo pour lui montrer leur amour, sans se rendre compte qu'au fond de lui, leur enfant suppliait : « Qui voudrait jouer au foot ou faire du vélo avec moi ? » La différence entre acheter un ballon et jouer avec l'enfant est celle qui existe entre un réservoir vide et un réservoir plein. Les parents peuvent sincèrement aimer leurs enfants (c'est le cas de l'immense majorité), mais la sincérité ne suffit pas. Si nous voulons répondre à leurs besoins psychiques, nous devons apprendre à parler leur langue.

Passons en revue les cinq langages affectifs fondamentaux dans le contexte de l'amour envers les enfants.

Les paroles valorisantes

En général, les parents abreuvent leurs jeunes enfants de propos appréciatifs. Avant même que l'enfant ne soit apte à communiquer verbalement, les parents s'extasient : « Quel joli petit nez ! Quels yeux superbes ! Oh, ces bouclettes ! » Lorsque le petit commence à se déplacer à quatre pattes, les parents s'émerveillent et applaudissent à chaque progrès réalisé. Quand le bambin se tient debout, une main rivée à l'accoudoir du canapé, nous nous éloignons de deux pas et l'encourageons : « Allez ! Viens ! Avance ! C'est bien ! Encore un pas ! Tu es un grand garçon maintenant ! » Lorsque l'enfant, après avoir fait un pas, perd l'équilibre et s'affale par terre, nous nous gardons bien de lui dire : « Espèce de nigaud ! Bon à rien ! Tu ne sais même pas te tenir debout ! » Au contraire, nous redoublons nos encouragements : « C'était parfait ! Allez, encore un effort ! Tu y es presque ! » Cela suffit pour qu'il se relève et recommence.

Comment se fait-il qu'au fur et à mesure que l'enfant grandit, nos paroles, d'appréciatives qu'elles étaient, deviennent dépréciatives ? Le bambin a sept ans. Nous entrons dans sa chambre et lui demandons de ramasser ses petites autos et de les mettre dans la caisse à jouets. Il y en a douze qui traînent par terre. Nous revenons quelques minutes plus tard ; sept autos ont été ramassées. Que disons-nous ? « Je t'avais demandé de tout ramasser. Si tu ne le fais pas tout de suite, je... » Et les sept jouets qui ont été ramassés ? Pourquoi ne nous écrions-nous pas : « C'est bien, Grégory, tu as déjà rangé sept voitures ! » ? Si nous tenions ce langage, les cinq dernières sauteraient toutes seules dans la caisse ! À mesure que l'enfant grandit, nous avons davantage tendance à le reprendre pour ses manquements qu'à le féliciter pour ses réussites.

Pour un enfant particulièrement sensible au langage des paroles appréciatives, nos propos durs, négatifs, critiques, ou peu valorisants ouvrent la porte à la terreur dans son ego. Des centaines d'adultes trentenaires ont encore dans les oreilles l'écho de paroles blessantes prononcées quelque vingt ans plus tôt : « Tu es trop grosse ; personne ne voudra de toi » ; « Tu n'es pas un élève studieux ; tu seras bientôt mis à la porte de l'école » ; « Je n'arrive pas à croire que tu sois si sot » ; « Tu te conduis comme un gamin, tu n'arriveras jamais à rien. » Ces adultes se débattent toute leur vie avec le manque d'estime de soi et le sentiment de ne pas être aimés, pour avoir subi dans leur enfance la violence des paroles dépréciatives.

Les moments de qualité

Répondre au besoin de moments de qualité de l'enfant, c'est lui accorder une attention soutenue. Pour le tout-petit, c'est s'asseoir avec lui par terre et jouer à lui envoyer la balle. C'est lui parler de petites autos ou de poupées. C'est l'accompagner au bac à sable et construire des châteaux avec lui. Bref, il faut entrer dans son univers et pratiquer certaines activités en sa compagnie. Peut-être en tant qu'adulte êtes-vous plongé dans le monde des ordinateurs, mais votre fils vit dans celui de l'enfance. Si vous voulez le conduire peu à peu dans la sphère des adultes, vous devez d'abord vous mettre à son niveau dans son contexte enfantin.

Quand l'enfant grandit et découvre d'autres centres d'intérêt, vous devez vous y intéresser également pour pouvoir répondre à ses besoins affectifs. S'il est mordu de basket-ball, documentez-vous sur ce sport, jouez éventuellement avec lui, inscrivez-le dans une équipe. S'il se passionne pour le piano, prenez au moins le temps de l'écouter de temps en temps, intéressez-vous à ses progrès. L'enfant interprète votre attention sans partage comme la preuve des soins dont vous l'entourez, de l'importance que vous lui attachez, du plaisir que vous éprouvez à être avec lui.

Nombre d'adultes qui regardent en arrière leur enfance ne se souviennent plus de ce que leurs parents ont dit, mais ils gardent généralement le souvenir de ce qu'ils ont fait. Un homme me dit : « Je me rappelle que mon père n'a jamais manqué un seul match quand je jouais dans notre équipe de foot. Je savais qu'il s'intéressait à ce que je faisais. » Pour cet adulte, les moments de qualité exprimaient le mieux l'amour de son père. Si votre enfant est particulièrement ouvert au langage d'amour des moments de qualité et que vous lui parlez ce langage, cela donnera sûrement lieu, au cours de son adolescence, à des moments inoubliables passés ensemble. Si vous ne lui accordez pas un temps précieux dans son enfance, entré dans l'adolescence, il recherchera d'autres personnes qui sauront lui prêter l'attention que vous lui aurez refusée, et il s'éloignera de vous au moment où vous voudrez précisément lui consacrer plus de temps.

Les cadeaux

De nombreux parents et grands-parents abusent du langage des cadeaux. En entrant dans un magasin de jouets, on se demande si pour les parents, ce n'est pas le seul langage de l'amour ! Quand des parents ont l'argent nécessaire, ils sont enclins à faire beaucoup de cadeaux à leurs enfants. Certains pensent même que c'est le meilleur moyen de leur témoigner de l'amour. Ils s'efforcent de donner à leurs enfants ce que leurs propres parents n'ont pas pu (ou pas voulu) leur offrir. Ils leur achètent ce qu'ils auraient souhaité étant enfants. Mais à moins de correspondre au langage d'amour préféré de l'enfant, les cadeaux n'ont que peu d'impact sur son réservoir émotionnel. Ces parents sont bien intentionnés, mais ils ne répondent pas aux véritables besoins affectifs de l'enfant.

Si l'enfant met rapidement de côté le cadeau que vous lui avez offert, s'il dit rarement merci, s'il ne prend pas soin de ce qu'il a reçu, s'il en fait peu de cas, vous pouvez être certain que le principal langage d'amour auquel il est sensible n'est pas celui des cadeaux. En revanche, s'il réagit par une vive reconnaissance, s'il s'empresse de montrer aux autres ce que vous lui avez offert et leur dit combien vous êtes bon pour lui, s'il prend soin de ce cadeau, s'il le place à un endroit visible dans sa chambre, s'il le maintient propre, s'il joue longtemps avec, il est alors probable que le langage des cadeaux soit celui qui lui exprime le mieux votre affection.

Que faire si votre enfant est très sensible au langage des cadeaux, mais que vous n'avez pas les moyens de lui en offrir ? Vous le savez certainement déjà, mais je tiens à le rappeler, ce n'est pas le coût du cadeau qui compte, mais l'intention. De nombreux cadeaux peuvent se fabriquer, et l'enfant apprécie parfois davantage ce genre de présent qu'un objet coûteux acheté dans un magasin. D'ailleurs, vous avez sans doute observé que les petits enfants jouent plus volontiers avec le carton d'emballage qu'avec le jouet lui-même. Vous pouvez aussi vous procurer des jouets d'occasion et les retaper, les réparer ou les repeindre. Dans ce cas, vous pouvez même associer l'enfant à la confection de son jouet. Il n'est pas nécessaire d'avoir une bourse bien remplie pour faire des cadeaux à ses enfants.

Les services rendus

Quand leurs enfants sont petits, les parents ne cessent de leur rendre des services. Sans cela, l'enfant mourrait. Le baigner, le nourrir, l'habiller, tout cela requiert de ses parents beaucoup de travail pendant les premières années de sa vie. Puis suivront les repas à préparer, son linge à laver et à repasser ; plus tard, il faudra lui préparer ses goûters, le conduire à l'école, l'aider à faire ses devoirs scolaires. Si beaucoup d'enfants considèrent ces services comme allant de soi, certains y voient une expression très claire de l'amour de leurs parents.

Si votre enfant manque rarement une occasion de vous remercier pour les services ordinaires que vous lui rendez, cela signifie qu'ils ont beaucoup de valeur à ses yeux. Vos gestes sont pour lui des expressions très explicites de votre amour. Lorsque vous l'aidez à faire ses devoirs, cela représente pour lui plus qu'une bonne note. Il se dit : « Mes parents m'aiment ». Quand vous l'aidez à réparer son vélo, vous faites davantage que simplement lui permettre de rouler à nouveau. Vous le laissez repartir avec son réservoir affectif plein. Si votre enfant vous propose systématiquement de vous aider dans vos occupations, dans son esprit, cela équivaut à vous témoigner son amour. Il a trouvé dans le langage des services rendus la meilleure façon de vous le faire sentir.

Le contact physique

Nous savons depuis longtemps que le toucher est un puissant communicateur d'amour pour l'enfant. Des études ont montré que des bébés qui sont souvent pris dans les bras se développeront émotionnellement mieux que ceux qui ne le sont pas. De façon naturelle, de nombreux parents et d'autres adultes prennent un nouveau-né dans les bras, le cajolent, l'embrassent, le serrent contre eux et lui parlent à son niveau. Longtemps avant qu'il soit en mesure de comprendre le mot « amour », l'enfant se sent aimé. Les bisous, les caresses, la promenade main dans la main sont autant de gestes qui lui communiquent votre amour. Un adolescent n'appréciera certainement pas que vous le serriez dans vos bras et que vous l'embrassiez comme un petit enfant, surtout en présence de tierces personnes, mais cela ne signifie nullement qu'il n'aime pas être touché.

Si votre enfant aime vous surprendre par-derrière, attraper vos bras, vous pousser légèrement, vous faire un croche-pied lorsque vous traversez la pièce, ou simuler une lutte sur le tapis, il indique que le toucher revêt une grande importance pour lui et correspond sans doute à son premier langage affectif.

Observez vos enfants. Regardez comment ils expriment leur amour à leur entourage. C'est un indice concernant le langage d'amour qu'ils affectionnent eux-mêmes. Notez bien les requêtes qu'ils vous adressent. Elles sont souvent étroitement liées au langage dans lequel l'amour prend tout son sens pour eux. Soyez également vigilants aux choses qui suscitent chez eux le plus d'enthousiasme. Ce sont aussi de bons indicateurs.

Notre fille est surtout sensible au langage d'amour qui s'exprime par les moments de qualité. C'est pourquoi, quand elle était petite, elle et moi avons souvent fait des promenades ensemble. Pendant sa scolarité au lycée, nous avions pris l'habitude de sillonner le vieux centre-ville, riche en curiosités diverses et bien restauré. À fouler les rues pavées, nous nous serions crus ramenés aux temps anciens, où la vie était plus simple. Il nous arrivait d'errer dans le vieux cimetière ; la vue de toutes ces tombes nous donnait une plus juste notion de la vie et de la mort. Nous consacrions trois après-midi par semaine à nos sorties et profitions de l'environnement parfois austère pour discuter de sujets sérieux. Aujourd'hui, notre fille est médecin, mais chaque fois qu'elle revient à la maison, elle me demande : « Alors, Papa, veux-tu faire un petit tour ? » Je n'ai jamais décliné cette offre.

Notre fils, lui, ne se promène jamais avec moi. Enfant, il répétait sans cesse : « C'est idiot de se promener à pied ! On n'arrive nulle part. Pour aller quelque part, il vaut mieux prendre la voiture ! » Le langage des moments de qualité n'exprime pas grand-chose pour lui.

En tant que parents, nous avons tendance à mettre nos enfants dans le même moule et à les élever selon le même modèle. Nous lisons des livres consacrés aux adolescents, nous glanons quelques idées originales par-ci, par-là, et une fois rentrés à la maison, nous les appliquons indistinctement à tous nos enfants. Pourtant, chacun d'eux est différent ; ce qui communique de l'amour à l'un ne le communique pas forcément à l'autre. Obliger notre enfant à se promener en famille dans le but de lui offrir un moment de qualité n'est pas toujours la meilleure forme d'expression de notre amour pour lui. Apprenons à parler le langage le plus susceptible de faire comprendre à nos enfants notre amour pour eux.

Je crois sincèrement que la majorité des parents aiment vraiment leurs enfants. Mais je crois également que des milliers de parents n'ont pas réussi à communiquer cet amour dans un langage compris de leurs enfants, et que des milliers de jeunes vivent avec un réservoir émotionnel vide. Je crois enfin que la plupart des inconduites d'enfants et d'adolescents sont imputables à des réservoirs vides d'amour.

Il n'est jamais trop tard pour exprimer l'amour. Si vous avez de grands enfants et que vous vous rendez compte que vous ne leur avez pas témoigné votre amour dans le langage qu'ils comprenaient, pourquoi ne pas le leur dire ? « Tu sais, j'ai lu un livre sur les façons de mieux communiquer l'amour et j'ai découvert que je n'ai pas utilisé le moyen le plus efficace pour te dire combien je t'aimais. J'ai essayé de le faire par des cadeaux (par exemple), mais je mesure maintenant que tu n'y étais pas sensible, parce que c'était une langue qui t'était étrangère. Je commence à comprendre que le langage dans lequel tu saisis le mieux mon affection est celui des paroles bienfaisantes (par exemple). Sache cependant que je t'aime, et j'essaierai à l'avenir de te le prouver d'une façon plus appropriée. » C'est peut-être d'ailleurs l'occasion pour vous d'expliquer à votre enfant adulte les cinq principaux langages de l'amour et de discuter avec lui de vos langages d'amour privilégiés à tous les deux.

Peut-être ne vous sentez-vous pas aimé de vos grands enfants. S'ils sont assez âgés pour comprendre le concept des langages de l'amour, votre discussion pourra leur ouvrir les yeux. Vous risquez d'être surpris par leur désir de commencer à parler votre langue, surpris également de voir combien vos sentiments et votre attitude à leur égard changeront peu à peu. Lorsque les membres d'une famille se mettent chacun à parler le langage d'amour que les autres comprennent, le climat émotionnel du foyer s'améliore considérablement.

Chapitre 14

Un mot personnel

Au chapitre 2, j'ai prévenu le lecteur : « La connaissance des cinq principaux langages de l'amour et l'apprentissage de celui qui est familier à votre conjoint peuvent affecter radicalement le comportement de celui-ci. » Maintenant que nous parvenons au terme de cet ouvrage, je me permets de demander : « Qu'en pensez-vous ? » Après avoir lu ce qui précède, avoir pénétré avec moi dans l'intimité de plusieurs couples, parcouru petits villages et grandes agglomérations, assisté à certaines séances de thérapie conjugale dans mon bureau, entendu des bribes de discussions de couples au restaurant, que pensez-vous de tout cela ? Les idées émises peuvent-elles modifier radicalement le climat affectif de votre vie de couple ? Que se produirait-il si vous découvriez dans quelle langue votre conjoint comprend le mieux l'expression de vos sentiments et que vous vous mettiez à la parler ?

Ni vous ni moi ne pouvons répondre à cette question tant que vous n'avez pas essayé. De nombreux couples ayant découvert cette idée lors de mes séminaires sur le mariage m'ont affirmé que la décision qu'ils avaient prise chacun d'apprendre le langage familier de l'autre et de le pratiquer régulièrement, avait complètement transformé leur vie conjugale. Lorsque le besoin d'amour est comblé, il se crée un climat permettant au couple de traiter tous les problèmes de la vie de manière beaucoup plus constructive.

Chacun aborde le mariage avec sa personnalité et son histoire. Les futurs conjoints apportent dans la relation du mariage leurs bagages émotionnels. Ils ont tous les deux des attentes différentes, pas la même façon d'envisager l'avenir, et des points de vue dissemblables sur ce qui leur semble important dans l'existence. Dans un couple en bonne santé, il faut prendre en considération cette diversité de perspectives. Nul besoin d'être d'accord sur tout, mais il est important de gérer les divergences sans que le couple ne soit conduit à la rupture. Si les conjoints ont des réservoirs émotionnels vides, ils auront tendance à se disputer et à s'éloigner l'un de l'autre ; dans certains cas, ils peuvent tenir des propos violents et même en venir aux mains. En revanche, si leurs réservoirs sont pleins, un climat d'amitié et de compréhension mutuelle se créera, propice à l'examen paisible des divergences d'opinions et à la recherche de solutions négociées. Je suis persuadé que rien, sur l'ensemble de la vie conjugale, n'a un impact aussi puissant que la satisfaction des besoins affectifs.

Certains estimeront qu'il leur est impossible d'aimer un conjoint qui ne les aime pas. Un tel amour requiert évidemment des ressources spirituelles. Il y a de nombreuses années, au moment où je dus faire face à des difficultés dans ma vie de couple, j'ai redécouvert mon besoin de Dieu. En tant qu'anthropologue, j'avais l'habitude d'étudier les informations dont je disposais. Je décidai alors de revenir aux fondements de la foi chrétienne. En examinant les récits de la vie du Christ depuis sa naissance jusqu'à sa mort et sa résurrection, je compris que sa mort était une expression de son amour, et sa résurrection une preuve évidente de sa puissance. Je devins croyant. Je pense que le Christ pourvoit toujours à l'énergie spirituelle nécessaire à l'amour, même lorsque celui-ci n'est pas réciproque. Je vous encourage à faire la même découverte de celui qui, en mourant, a prié en faveur de ses bourreaux. « Père, pardonne-leur, car ils ne savent pas ce qu'ils font. » Voilà jusqu'où peut aller le véritable amour.

Le taux élevé des divorces dans nos pays démontre sans l'ombre d'un doute que de nombreux couples savent ce que signifie un réservoir vide d'amour. Le nombre croissant d'adolescents qui quittent la maison et transgressent la loi prouve que beaucoup de parents ayant essayé d'aimer leurs enfants l'ont fait d'une manière qui ne leur était pas compréhensible. Je suis certain que le contenu de ce livre peut exercer un impact positif sur un grand nombre de couples et de familles de nos pays.

Je n'ai pas écrit cet ouvrage pour qu'il vienne grossir les rayons des bibliothèques. Ni pour les professionnels qui s'intéressent à la relation de couple, mais pour ceux qui sont mariés, ceux qui ont connu l'expérience du coup de foudre, qui sont entrés dans l'état du mariage avec de beaux rêves de bonheur mutuel sans fin et qui ont découvert brusquement que les dures réalités de la vie conjugale menaçaient de faire voler leurs rêves en éclats. Mon vœu est que des milliers d'entre eux non seulement retrouvent leurs rêves envolés, mais les réalisent.

Je rêve personnellement du jour où les couples mariés vivront avec des réservoirs émotionnels remplis et s'acquitteront efficacement de leur mission individuelle et conjugale. Je rêve du jour où les enfants grandiront dans des foyers qui leur offriront suffisamment d'amour et de sécurité, où leurs forces seront davantage canalisées vers l'apprentissage et le service que vers la poursuite de l'amour qu'ils n'ont pas reçu chez eux. Mon désir est que ce modeste livre allume ou ranime la flamme de l'amour dans votre vie de couple et dans celle de milliers de foyers comme le vôtre.

Si c'était possible, j'offrirais ce livre à tous les couples mariés en leur disant : « Je l'ai écrit pour vous. J'espère qu'il changera votre vie. Si tel est le cas, faites-le découvrir à d'autres personnes ».

Comme je ne peux pas réaliser ce désir, j'apprécierais que vous offriez un exemplaire de cet ouvrage à votre entourage (famille, amis, enfants mariés...). Qui sait si en conjuguant nos efforts, nous n'arriverons pas à donner corps à ce rêve qui m'est cher ?

GUIDE DE RÉFLEXION

POUR COUPLES
ET GROUPES DE DISCUSSION

par James S. Bell, Jr.

Introduction

Lorsque vous aurez lu les chapitres précédents du livre et réfléchi à leur contenu, encouragez votre conjoint à faire de même. Vous serez alors prêts tous deux pour les « exercices » qui suivent. Dans cette section, toutes les *idées clés* rappelées en début de chapitres et les questions posées s'appliquent au mari et à la femme. J'espère qu'au fil de sa lecture, chacun aura pu découvrir non seulement le langage dans lequel il comprend le mieux l'expression de l'amour de l'autre, mais également ses dialectes et ses langues secondaires. Toutes les questions traitent des sujets abordés dans les chapitres correspondants. Cependant, comme les langages présentés dans cet ouvrage ne vous concernent pas tous les deux au même degré, vous pourrez donc vous intéresser davantage à tel chapitre, ou à tel autre.

Pour différentes raisons, surtout si des conflits vous opposent à votre conjoint, il est possible que celui-ci ne désire ni lire le contenu des chapitres précédents, ni réfléchir aux questions proposées maintenant. Dans ce cas, vous qui avez lu le livre, faites en sorte qu'il voie en vous et dans votre comportement les bienfaits concrets de votre lecture. Si vous mettez correctement en pratique les idées du livre, votre conjoint sera peut-être amené naturellement à changer d'attitude envers vous, sans avoir lui-même pris connaissance de l'ouvrage ni étudié les questions.

Chaque chapitre comporte une question plus vaste pour l'étude en groupe. Elle traite de sujets qui dépassent le cadre étroit du couple. Toutes les questions peuvent être étudiées dans des sessions de préparation au mariage ou dans des réunions de couples. Il faut que l'animateur choisi ait du recul et de l'expérience dans ce domaine. Il est possible d'ajouter d'autres éléments pour élargir et étoffer la discussion. Remarquez que les questions relatives aux chapitres 10 et 11 ont été regroupées.

Enfin, il n'y a pas lieu de se culpabiliser si vous n'avez pas su répondre à toutes les questions, ou si vous n'avez pas encore agi en conséquence. Ce ne sont que de simples suggestions destinées à vous aider à mettre en pratique ce que vous avez appris dans le livre ; elles s'appliquent différemment selon les couples. Vos efforts pour mieux exprimer votre amour à l'autre reposent sur le fait important qu'il est unique pour vous. Apprendre son langage de l'amour et le parler mérite que vous y investissiez toute votre énergie.

Chapitre 1
QUE DEVIENT L'AMOUR APRÈS LE MARIAGE ?

Idée clé

Comme deux conjoints donnent et reçoivent l'amour différemment, il leur est difficile de maintenir l'ardeur de leur amour réciproque. Si nous ne comprenons pas comment notre époux ou épouse perçoit l'amour que nous lui exprimons, notre vie de couple se détériore sans que nous sachions pourquoi. Nous avons donc besoin tous les deux d'être au clair sur le meilleur moyen de percevoir l'amour.

- ❑ Repensez à votre enfance. Vous sentiez-vous correctement aimé de vos parents ? Comment vous témoignaient-ils principalement leur amour ? En considérant les résultats dans votre vie, quelle influence ont-ils exercé sur la manière dont vous-même faites comprendre à votre conjoint que vous l'aimez ?
- ❑ Dressez la liste des manquements et des points forts relatifs à la manière dont vos parents vous ont aimé et apprécié. Quelles similitudes voyez-vous avec la façon dont vous-même exprimez votre affection à votre conjoint ? En quoi vos manquements reflètent-ils inconsciemment ceux de vos parents ? Même question pour vos réussites.
- ❑ Il se peut que votre amour pour votre conjoint n'ait pas diminué, et pourtant, avec le temps, ce dernier réagit plus négativement. Indiquez

deux domaines dans lesquels, au cours des douze derniers mois : (1) votre conjoint n'a pas réagi positivement à vos initiatives empreintes d'amour ; (2) votre conjoint a fortement insisté sur votre manque d'égards, vous reprochant soit de l'ignorer, soit de vous opposer à lui. Quelle est la vraie nature du différend ?

- ❑ Dans le passé, quels ont été les livres, revues ou articles marquants qui ont contribué à améliorer votre relation sentimentale avec votre conjoint ? Essayez de vous rappeler quand et comment vous avez voulu les mettre en pratique. Dans quels domaines avez-vous constaté des améliorations ? Des échecs ? À quoi en attribuez-vous la cause ? Impliquaient-ils le concept des langages de l'amour ?
- ❑ Souvenez-vous de moments précis où vous avez communiqué votre amour sous une certaine forme et où il n'a pas été reçu comme tel. Il n'a pas nécessairement été rejeté, mais est passé tout simplement inaperçu. Pourquoi les bonnes intentions et la sincérité ne sont-elles pas toujours suffisantes ?

Pour une discussion approfondie en groupe

Discutez de la nature de la communication en général ; examinez comment l'incompréhension peut s'introduire dans les relations, compte tenu de la complexité du langage dans ses formes diverses et variées. En quoi les différents arrière-plans, sexes, valeurs, etc. compliquent-ils encore le mécanisme ?

Chapitre 2
SE SENTIR AIMÉ !

Idée clé

🗝 *L'amour occupe une place de choix dans le comportement humain, mais le mot « amour » comporte plusieurs dimensions et interprétations. La relation du mariage est destinée à nourrir l'amour et l'intimité. Elle est également le lieu où le « réservoir intérieur » de l'amour peut être rempli.*

- ❑ Trouvez trois proverbes bien connus qui soulignent la prééminence de l'amour. Tentez d'en expliquer la signification et demandez-vous dans quelle mesure ils correspondent à votre vie de couple.
- ❑ Nous excusons souvent toutes sortes de comportements néfastes, sous prétexte qu'ils ont une bonne intention à la base. Évoquez un de ces exemples dans une relation qui vous est proche, et montrez comment une connaissance plus juste de ce qu'est l'amour permettrait de surmonter les difficultés.
- ❑ Pensez à vos propres enfants ou à ceux de votre famille élargie. Remémorez-vous le comportement inacceptable de l'un d'eux, lié à un réservoir d'amour vide. En quoi le fait de remplir le réservoir émotionnel de l'enfant aurait-il changé la situation ?
- ❑ L'éloignement freine le développement de l'amour entre les conjoints. Pensez à une période

où vous étiez séparés géographiquement l'un de l'autre, et au sentiment de distance qui s'était établi entre vous. Pensez également à la distance qui s'installe suite à des désaccords. Dans les deux cas, quelles en ont été les conséquences dans votre vie, et comment les avez-vous affrontées ?

- ❑ Il est possible de comparer le fait de vivre avec un réservoir émotionnel vide à celui de rouler en voiture sans huile dans le moteur. Faites preuve d'imagination et indiquez deux autres analogies qui décrivent clairement l'état de votre vie de couple si vos réservoirs mutuels sont vides. En quoi ces comparaisons indiquent-elles l'importance qu'il y a à donner et à recevoir régulièrement de l'amour ?

Pour une discussion approfondie en groupe

Discutez de la place de l'amour dans les différents systèmes philosophiques et théologiques et montrez comment l'amour a contribué à une condition saine des civilisations passées et présentes. Comment cet amour est-il défini et mis en pratique ?

Chapitre 3
LE COUP DE FOUDRE

Idée clé

🗝 *Le coup de foudre a beau être une expérience excitante, il ne dure pas, et il est très égocentrique. L'amour qui vise le bien-être émotionnel du conjoint dépend beaucoup de la raison, de la volonté et de la discipline. C'est le seul amour rendant possibles la transformation et le progrès.*

- ❑ Faites une liste en deux colonnes à propos de l'expérience du coup de foudre que vous avez vécu avec votre conjoint. Dans une colonne, indiquez les sentiments, les pensées, les espoirs, etc. qui ont porté du fruit par la suite et ont nourri l'amour volitif. Dans la deuxième colonne, notez ceux qui étaient naïfs, irréalistes, voire préjudiciables, et qui n'ont pas servi la cause d'un amour mature.
- ❑ Essayez de déterminer le moment où vos sentiments euphoriques se sont atténués et où vous avez commencé à remarquer des défauts chez votre conjoint. Évoquez les troubles que cela vous a causés et les leçons bénéfiques que vous en avez tirées.
- ❑ Repensez à quelques événements romantiques survenus dans votre vie de couple, qui vous ont permis d'éprouver à nouveau les sentiments amoureux des premiers temps. Comment se sont-ils finalement intégrés dans une relation conjugale plus saine et plus bénéfique ?

- ❑ De même qu'autrefois, lorsque vous étiez très amoureux, vous seriez volontiers restés sur votre petit nuage, aujourd'hui vous avez tendance à vous contenter du niveau de votre relation conjugale sans chercher à l'enrichir. Plutôt que de tomber trop facilement dans la complaisance, soyez honnêtes avec vous-mêmes quant à la qualité de l'amour que vous donnez. Que comporte-t-il encore des trois aspects que le Dr Peck relève à propos de l'amour *coup de foudre*,
  - qui n'est pas un acte de la volonté,
  - qui n'implique ni discipline ni efforts conscients,
  - qui ne se soucie pas de l'épanouissement du conjoint ?
- ❑ Mentionnez trois initiatives prises en faveur de votre conjoint au cours du mois écoulé, qui illustrent l'amour véritable parce qu'il est :
  - un sentiment plutôt qu'une obsession,
  - le résultat d'un réel effort et d'une discipline,
  - fondé sur la raison plus que sur le simple instinct,
  - soucieux de l'épanouissement du conjoint.

Pour une discussion approfondie en groupe

Analysez les composantes émotionnelles, psychologiques, physiologiques et spirituelles du coup de foudre et de l'amour authentique.

Chapitre 4
LES PAROLES VALORISANTES

Idée clé

Ce ne sont pas les exigences, mais les compliments, les paroles d'encouragement et les requêtes qui contribueront à ce que votre conjoint ait une bonne estime de lui-même. Ces propos favorisent l'intimité, guérissent les blessures et développent le plein potentiel de votre partenaire.

- ❑ Consacrez une soirée à votre conjoint pour lui permettre de vous faire part de ses ambitions, de ses centres d'intérêt et de ses talents. Écoutez-le avec attention et bienveillance de manière à bien saisir ses désirs profonds. Ensuite mettez-vous à sa place, encouragez-le avec amour et sincérité, et proposez-lui de l'aider pour atteindre ses objectifs.
- ❑ Une familiarité mal placée peut susciter chez l'autre du mépris ou de l'irrespect sous différentes formes. Demandez-vous ce qui a caractérisé vos relations au cours de la semaine écoulée. Votre ton s'est-il fait dur, votre attitude sarcastique, votre point de vue critique ? Vous êtes-vous appesanti sur les manquements de votre conjoint ? Réglez ces problèmes et demandez pardon.
- ❑ Faites une évaluation de votre style relationnel dans le domaine de la communication verbale. Vos paroles expriment-elles des requêtes, des suggestions, des directives ? Ou des exigences,

des ultimatums, voire des menaces ? Souvenez-vous que l'amour véritable respecte le libre choix, la volonté propre et le service spontané. Comment pouvez-vous améliorer votre communication verbale avec votre conjoint ?

- ❑ Il existe une infinité de moyens intimes, aimables et patients pour communiquer avec votre conjoint. Comme le suggère le chapitre en question, consignez par écrit les propos que vous avez tenus à votre conjoint, même les plus ordinaires, par lesquels vous avez mis en valeur sa personnalité.
- ❑ Il a suffi d'une technique simple pour améliorer considérablement la vie de couple de Jérôme et Sonia. Tous deux ont dressé la liste de ce qu'ils appréciaient particulièrement chez l'autre. Puis, deux fois par semaine, ils se sont fait des compliments mutuels. Agissez de même avec votre conjoint. Après le premier échange avec lui, décidez de poursuivre l'expérience pendant les deux mois suivants, en fonction des circonstances.

Pour une discussion approfondie en groupe

Réfléchissez à la manière dont la puissance des mots détermine le destin des gens et même des peuples. Comment les paroles peuvent-elles nous lier ou nous délier, et façonner notre vision de nous-même et du monde environnant ?

Chapitre 5
LES MOMENTS DE QUALITÉ

Idée clé

🗝 *Les moments de qualité passés ensemble dans le partage, l'écoute et la participation commune à des activités appréciées des deux conjoints, communique le fait que chacun se soucie de l'autre et l'apprécie.*

- « Mon travail est si prenant » n'est souvent qu'une excuse quand il s'agit de consacrer du temps de qualité à l'autre. Pourtant, dites-vous que la réussite professionnelle et l'abondance des biens matériels ne remplaceront jamais les bienfaits d'une vraie intimité. Élaborez avec votre conjoint un programme équilibré qui vous permettra de ne pas négliger ses besoins affectifs ni vos intérêts professionnels réels. Si vous devez adopter des compromis, sachez vous sacrifier de temps en temps.
- Jérôme découvrit que le langage d'amour primordial de Sonia était celui des moments de qualité. C'est pourquoi, il dressa la liste de ce qu'à son avis elle aimerait qu'il fasse avec elle à l'avenir. Promenades, vacances, ou simplement davantage de dialogue avec les enfants, tout cela exige que nous payions de notre personne au détriment d'activités pourtant gratifiantes. Faites votre propre liste et prenez l'engagement, durant le mois à venir, de consacrer à votre

conjoint des moments de qualité pour satisfaire deux vœux qu'il aura formulés.

- ❑ Songez au dernier problème important que votre conjoint a dû affronter. Notez ce que vous auriez dû faire pour atteindre les objectifs suivants :
  - moins de conseils et plus de sympathie ;
  - plus de compréhension et moins de solutions ;
  - plus de questions et moins de conclusions ;
  - plus d'attention à la personne et moins au problème.
- ❑ Prenez la mesure de l'importance que revêtent pour votre vie de couple les activités partagées. Soulignez dans ce domaine trois expériences qui vous ont beaucoup rapproché de votre conjoint et vous ont laissé de doux souvenirs. Ont-elles exigé que vous consacriez des moments de qualité pour participer à des activités communes ? Prévoyez une nouvelle occasion du même genre qui se gravera durablement dans votre mémoire.
- ❑ Soyez honnête sur le rôle des sentiments dans votre vie. Quand leur juste expression a-t-elle contribué à résoudre sainement un problème ou à enrichir un événement heureux ? Êtes-vous enclin à redouter ou à refouler vos émotions ? Leur laissez-vous libre cours, quitte à exploser, ou les déformez-vous ? Comment se concilient-elles avec celles de votre conjoint ? Comment améliorer l'aspect émotif de votre communication ?

Pour une discussion approfondie en groupe

Développez l'idée selon laquelle les activités partagées doivent être créées autour de centres d'intérêt communs aux deux conjoints. À défaut de ce scénario parfait, vous pouvez en envisager un autre : donner de votre temps, avec tout votre cœur et toute votre pensée, à des projets qui passionnent votre conjoint, même s'ils vous laissent indifférents.

Chapitre 6
LES CADEAUX

Idée clé

🗝 *Les cadeaux, qu'ils soient des objets achetés ou fabriqués, ou simplement don de votre présence, sont des symboles d'amour visibles. Ils prouvent que vous pensez à votre conjoint et traduisent la valeur que vous attachez à votre relation.*

- ❑ Le cadeau a de la valeur aux yeux de celui qui l'offre. Peut-être n'avez-vous pas suffisamment estimé les présents que vous avez reçus. Considérez l'intention du donateur, et efforcez-vous de valoriser l'amour qu'il a voulu vous démontrer.
- ❑ Suivez le conseil de l'auteur et dressez la liste des cadeaux faits à votre conjoint dans le passé et qu'il a appréciés. Renseignez-vous sur ses goûts auprès des personnes qui le connaissent bien. Décidez-vous alors à lui offrir de temps à autre un gage de votre amour en tenant compte de ses préférences.
- ❑ Peut-être avez-vous du mal actuellement à faire rimer de façon harmonieuse les cadeaux et votre situation financière. Pourtant, en offrant un présent, vous faites le meilleur investissement dans ce que vous possédez de plus précieux ; vous pouvez donc le considérer comme une forme d'économie ou d'épargne. Revoyez votre budget et sacrifiez davantage à votre conjoint.
- ❑ Si les cadeaux correspondent au langage d'amour le plus explicite pour votre conjoint,

vous devrez peut-être renoncer à ce qui vous tient momentanément le plus à cœur. Pensez à des situations survenues ces dernières années où votre conjoint aurait vivement souhaité recevoir un cadeau de votre part, notamment celui de votre présence, et où vous ne la lui avez pas offerte. Vous auriez cependant pu être là. Engagez-vous à prendre une meilleure décision quand cette situation se représentera.

- ❑ Souvenez-vous que le don de votre personne ne se limite pas à votre présence physique. Efforcez-vous pendant une semaine de partager tous les jours avec votre conjoint un événement qui vous a marqué ou un sentiment qui vous tient à cœur. Encouragez-le à faire de même avec vous.

Pour une discussion approfondie en groupe

Cherchez dans les différentes cultures, traditions familiales et types de personnalité des exemples qui soulignent l'importance des cadeaux. Quels sont ces cadeaux, comment expriment-ils l'amour et pourquoi ont-ils de la valeur ?

Chapitre 7
LES SERVICES RENDUS

Idée clé

🗝 *Les reproches que vous adressez à votre conjoint s'il n'a pas accompli certaines choses pour vous, indiquent que vous êtes vraisemblablement sensible au langage des services rendus. Ceux-ci ne doivent jamais être imposés, mais accomplis librement et gratuitement; il faut aussi qu'ils soient conformes à la requête du conjoint.*

- ❑ Même quand nous sommes d'accord avec la demande de notre conjoint, nous avons tendance à y accéder à notre manière. Rendre des services par amour, c'est répondre à l'attente de l'autre. Demandez à votre conjoint des détails à propos de nouveaux services que vous pourriez lui rendre et conformez-vous-y.
- ❑ Pensez à trois tâches simples et humbles que vous n'aimez pas particulièrement accomplir, mais qui feraient plaisir à votre conjoint si vous vous en acquittiez. Faites-lui la surprise de lui rendre ce service sans qu'il vous le demande.
- ❑ De nombreux couples ont dû balayer les rôles stéréotypés du mari et de la femme pour pouvoir se rendre des services mutuels. Pourtant, il existe encore des partis pris inconscients. Discutez entre vous des sentiments profonds que vous éprouvez à propos du partage total des activités, et relevez l'influence de votre vécu familial à cet égard.

- ❑ Considérez à nouveau la liste des services demandés mutuellement par Marc et Marie. Choisissez-en quatre que vous aimeriez voir accomplis par votre conjoint. Soyez prêt à la réciproque. Rectifiez éventuellement le tir : les services que vous rendez doivent reposer sur l'amour mutuel et non sur la contrainte ou sur un esprit légaliste. Soyez réaliste en tenant compte de votre calendrier.
- ❑ De nombreuses difficultés qui surgissent dans le couple sont imputables à l'opinion qu'une fois mariés, les conjoints n'ont plus à se *courtiser*. Souvenez-vous de l'amour et de l'intimité qui découlaient des services que vous vous rendiez dans les premiers temps de votre relation. Pour retrouver la proximité et l'intimité des jours heureux, revenez à certaines habitudes d'alors, et voyez s'il n'existe pas un lien entre les services rendus et la qualité du climat conjugal.

Pour une discussion approfondie en groupe

Étudiez les deux conceptions que les individus et les sociétés ont défendues pendant des siècles :

- pour être épanoui et heureux, il faut atteindre le sommet de l'échelle sociale et avoir les autres à son service ;
- pour être épanoui et heureux, il faut se mettre volontairement au service des autres, et découvrir dans ce service la vraie traduction de l'amour.

Chapitre 8
LE CONTACT PHYSIQUE

Idée clé

🗝 *Le contact physique, comme geste d'amour, atteint jusqu'aux profondeurs de notre être. De la plus petite tape affectueuse sur l'épaule jusqu'au baiser le plus fougueux, en tant que langage d'amour, il est une puissante forme de communication.*

❑ Interdisez-vous tous les contacts physiques à connotation négative. Si de ce point de vue, il vous est arrivé de faire mal à votre conjoint, même de la façon la plus insignifiante, demandez-lui pardon, et exercez-vous à mieux vous maîtriser. Si vous l'avez irrité par d'autres formes de toucher, renoncez-y désormais et recherchez les touchers qu'il apprécie.

❑ Peut-être n'avez-vous jamais discuté ouvertement ensemble des touchers qui vous procurent une sensation agréable. Abordez les dimensions émotionnelles, sexuelles et psychologiques liées au contact corporel.

❑ Faites une liste de toutes les occasions, de tous les endroits et de toutes les formes de toucher qui contribueront à l'amélioration de votre vie de couple. Par exemple, quelle serait celle que vous souhaitez utiliser lorsque vous passez une soirée ensemble, ou quand vous vous quittez le matin, ou quand vous êtes à table, etc. ? Si vous avez des perceptions différentes, essayez de parvenir à un compromis, chacun recherchant avant tout le plaisir de l'autre.

- Revenez au cas de Delphine et Pierre. Il était assez facile à Delphine d'exprimer son désir de moments de qualité. Pierre, quant à lui, avait beaucoup de mal à révéler qu'il souhaitait davantage toucher et être touché par sa femme, notamment dans le cadre de la relation sexuelle. Comment l'expliquez-vous ? Votre conjoint ne peut pas lire dans vos pensées. Que ce soit difficile ou non, nous devons apprendre à exprimer notre besoin d'amour et à préciser dans quel langage nous le comprenons le mieux. Pourquoi ne pas prévoir un moment particulier pour en discuter avec votre conjoint ? Nous avons du mal à admettre, même à nous-même, le besoin de toucher. Dans le domaine sexuel, soyez honnête avec votre conjoint et avec vous-même pour indiquer les contacts physiques qui ne vous communiquent pas du tout le sentiment d'être aimé, mais qui suscitent plutôt un sentiment d'insécurité ; ceci est souvent dû au fait que la plupart d'entre nous souffrent de l'imperfection de leur corps.
- Les situations douloureuses incluent deuils et maladies graves, mais elles peuvent aussi concerner les petits maux et les problèmes quotidiens qui ont un impact non négligeable sur notre état psychique. Dans ces moments, trouvez un moyen de manifester votre solidarité par des actes de bienveillance et un toucher empreint

de douceur, plutôt que de rester silencieux ou d'abreuver votre conjoint de paroles creuses.

Pour une discussion approfondie en groupe

Discutez du côté mystérieux des émotions en rapport avec le toucher. Par exemple en effet, il y a des moments où notre être soupire après un toucher, alors qu'à d'autres, nous ne voudrions surtout pas être approchés. Notre humeur, nos attitudes et nos perceptions, tout cela affecte notre désir d'être touché, enlacé ou même d'avoir des relations sexuelles.

Chapitre 9
DÉCOUVRIR VOTRE LANGAGE D'AMOUR

Idée clé

🗝 *Pour savoir quel langage vous exprime le mieux l'amour de l'autre, vous devez vous poser quelques questions. Qu'attendez-vous surtout de sa part ? Qu'est-ce qui vous donne le mieux le sentiment d'être aimé ? Que désirez-vous par-dessus tout ? Qu'est-ce qui vous blesse le plus profondément ? Les réponses à ces questions donneront de précieux indices quant à votre langage d'amour préféré.*

- ❑ Nombreux sont ceux qui s'ingénient à ce que les rapports sexuels procurent le plus de joie mutuelle possible. Toute leur attention se porte sur la technique, la fréquence et la variété. En fait, l'insatisfaction provient davantage de l'état de notre réservoir émotionnel. Réfléchissez à la qualité de votre relation conjugale, de votre intimité et aux moyens de l'améliorer ; la relation physique s'en trouvera meilleure automatiquement.
- ❑ Nous exprimons le plus souvent notre amour dans notre langage préféré, sans nous enquérir du langage que comprend notre conjoint. Songez aux premiers temps de votre amour où vous communiquiez efficacement votre affection. Le faisiez-vous dans votre langage familier ou dans celui de votre conjoint ? Prenez la résolution de parler le langage dans lequel

votre conjoint ressent le mieux l'expression de votre amour.

- ❑ Si vous éprouvez encore des difficultés à déterminer dans quelle langue vous saisissez mieux l'amour exprimé par le conjoint, c'est parce que votre réservoir émotionnel est soit totalement vide, soit très plein. Faites l'inventaire de vos émotions profondes et voyez laquelle des deux hypothèses est la bonne. Si votre réservoir est vide, demandez-vous si vous vous êtes déjà senti aimé dans votre vie. Si oui, quand ? Qu'est-ce qui vous disait que vous étiez aimé ? La réponse révélera quel est le langage d'amour auquel vous êtes le plus sensible.
- ❑ Si votre réservoir est très plein, souvenez-vous de vos fiançailles ou des premiers temps de votre relation. Cela vous aidera à découvrir le langage que vous utilisiez alors et qui s'était révélé très efficace. Vous saurez alors pourquoi, et vous pourrez d'autant plus peaufiner votre relation de couple.
- ❑ Que votre réservoir d'amour soit complètement vide ou complètement plein, que vous sachiez ou non quel est votre langage d'amour préféré, faites le test d'évaluation du « réservoir plein » pendant le mois qui vient. Demandez à votre conjoint d'évaluer entre 0 et 10 le niveau de la jauge sur son réservoir émotionnel et de vous dire ce que vous pourriez faire pour augmenter ce niveau. Quand vous aurez réussi à atteindre 10, vous pourrez vous estimer satisfait, mais ne cessez pas d'aimer.

Pour une discussion approfondie en groupe

Pour arriver à combler les besoins émotionnels de l'autre, les conjoints ont souvent besoin d'apprendre certaines choses, même si c'est aussi terre à terre que mettre en marche une machine à laver le linge. Réfléchissez ensemble à la patience et à la pédagogie nécessaires vis-à-vis de l'autre pour parvenir à l'épanouissement dans votre vie de couple.

Chapitres 10 et 11
L'AMOUR RÉSULTE D'UNE DÉCISION, L'AMOUR FAIT UNE GRANDE DIFFÉRENCE

Idée clé

La décision d'aimer et de le dire dans le langage du conjoint s'accompagne de nombreux avantages. Elle contribue à guérir les blessures du passé, procurer un sentiment de sécurité, d'estime de soi et de reconnaissance. Mais les bienfaits du coup de foudre instinctuel sont très différents de ceux qui procèdent de la décision volontaire de répondre aux besoins affectifs du conjoint.

- ❑ Comme dans le cas de Frédéric au chapitre 10, notre réservoir d'amour peut être vide sans que nous sachions pourquoi. Nous n'avons pas l'intention de nuire à notre conjoint, mais il se peut que nous empruntions des voies inadéquates pour satisfaire nos besoins. Évaluez honnêtement vos pensées et vos actes à la lumière de vos besoins insatisfaits. Existe-t-il une meilleure façon de les combler ? Voulez-vous consacrer les deux mois qui viennent à vérifier le bien-fondé de cet adage ancien : « Donnez et vous recevrez » ? Pourquoi ne pas commencer dès aujourd'hui et voir ce qui va se passer ?
- ❑ Il est d'ailleurs préférable d'aimer pour le bonheur de donner plutôt que pour celui de recevoir. Passez en revue les récentes expressions de votre amour à l'égard de votre conjoint.

Qu'espériez-vous en retour ? Si vous n'avez rien obtenu, votre attitude en a-t-elle été modifiée ? Nous souhaitons parfois des résultats immédiats. Mais souvenez-vous que Rome ne s'est pas construite en un jour. Prenez le temps.

- Attachez-vous maintenant à des actes d'amour que vous savez attendus et appréciés de votre conjoint, mais peu naturels chez vous. Peut-être avez-vous tout simplement banni ces gestes de votre mémoire et avez-vous besoin que votre conjoint vous les rappelle. Prenez la ferme résolution d'accomplir régulièrement ces choses qui vous sont difficiles, de manière à remplir le réservoir émotionnel de votre conjoint et à resserrer les liens avec lui.
- Reconnaissance, estime de soi et sécurité, ces trois éléments sont essentiels à votre bien-être. Soyez francs et ouverts l'un envers l'autre ; faites-vous comprendre mutuellement que vous ne pouvez pas éprouver pleinement ces sentiments sans l'amour de l'autre ; ensuite, agissez en conséquence.
- L'emploi d'un langage d'amour inadapté n'est pas neutre ; il peut être destructeur. Pensez à Christine et Thierry au chapitre 11. Le conflit qui les a opposés pendant trente-cinq ans reposait sur une incompréhension. Examinez vos propres difficultés conjugales et mettez en évidence l'insistance dont vous avez peut-être fait preuve dans un langage non compris ou mal compris de votre conjoint.

Pour une discussion approfondie en groupe

Les conjoints tentent parfois de développer leur sentiment de sécurité et leur estime personnelle en exerçant des contraintes mutuelles ou en se manipulant pour combler leurs besoins affectifs. Ils savent que le fait d'aimer l'autre de leur mieux ne leur vaudra pas nécessairement son amour en retour. Prenez conscience des risques de voir vos besoins insatisfaits, et aimez votre conjoint sans attendre nécessairement qu'il comble vos besoins. Citez d'autres principes qui, en plus du langage d'amour, permettent d'améliorer la vie du couple.

Chapitre 12
AIMER CELUI QUI N'EST PAS AIMABLE

Idée clé

🗝 *Même si c'est très difficile, il est possible de témoigner de l'amour à un conjoint qui n'est pas aimable. Il est vrai que celui qui a été maltraité ou abusé ne peut guère éprouver des sentiments positifs envers son conjoint, seulement de la souffrance. Cela ne l'empêche pas de prendre des initiatives bienveillantes et bienfaisantes, fondées sur une décision de sa volonté et non sur ses sentiments. L'emploi du langage d'amour compris du conjoint peut souvent opérer des miracles.*

- ❑ Si votre couple traverse des difficultés semblables à celles décrites dans ce chapitre, vous aurez besoin d'un gros effort de volonté pour vous engager dans l'expérience proposée. Vous risquez de connaître d'autres souffrances et d'autres déceptions. Cela peut aussi vous amener à retrouver une vie de couple heureuse et épanouie. Évaluez sincèrement la dépense, mais le jeu en vaut la chandelle.

  Les quatre étapes suivantes nécessiteront sans doute plusieurs mois d'efforts persévérants avant de déboucher sur des résultats aussi positifs que dans le cas d'Alexandre et d'Anne. Si vous croyez en Dieu, cela pourra certainement vous aider à réussir.

- ❑ Demandez à votre conjoint ce que vous devez faire pour être un meilleur conjoint, et agissez en conformité avec ses suggestions, quelle que soit son attitude envers vous. Faites tous vos efforts pour avoir plus de contacts avec votre partenaire et pour le combler de tout votre cœur et de toute votre énergie. Donnez-lui l'assurance que vos motifs sont purs et désintéressés.
- ❑ Si vous constatez des réactions positives, c'est que votre démarche commence à porter ses fruits. Saisissez alors l'occasion de formuler une demande précise que votre conjoint peut facilement satisfaire. Qu'il le fasse ou non, présentez-lui une requête tous les mois. Assurez-vous qu'elle correspond au langage dans lequel vous comprenez le mieux l'expression de l'amour et qu'elle contribuera à remplir votre réservoir émotionnel vide.
- ❑ À partir du moment où votre conjoint réagira positivement et répondra à vos besoins, vous serez peu à peu en mesure de l'aimer dans des actes réfléchis, mais aussi dans votre cœur. Même si votre conjoint ne réagit pas à vos efforts, continuez à lui témoigner votre attachement et votre appréciation.
- ❑ Lorsque votre vie de couple montre les premiers signes de guérison, et que votre relation retrouve sa chaleur d'autrefois, ne vous reposez pas sur vos lauriers en oubliant rapidement le langage d'amour de votre conjoint et en omettant de répondre à ses besoins quotidiens. Vous êtes

en bonne voie de concrétiser vos rêves de lune de miel, ne vous arrêtez pas en si bon chemin ! Fixez-vous d'un commun accord des pauses pour évaluer les améliorations de votre vie de couple.

Pour une discussion approfondie en groupe

De nombreux mariages se soldent par un divorce parce que les conjoints refusent d'être humbles et de persévérer dans leur service et leur amitié envers l'autre alors qu'ils subissent son rejet. Vous pouvez approfondir les avantages de l'enseignement de Jésus-Christ à propos de l'amour des ennemis, rapporté dans l'Évangile de Luc 6.27. Examinez la portée du geste du Seigneur lavant les pieds de ses disciples (Évangile de Jean 13.5, 12-17).

Chapitre 13
LES ENFANTS ET LES LANGAGES D'AMOUR

Idée clé

Les cinq langages de l'amour s'appliquent également aux enfants, même s'ils n'ont pas pleinement conscience de leurs véritables besoins et ne comprennent pas bien leurs propres réactions à l'expression de l'amour d'autrui. Si vous voulez être un bon parent, apprenez dans quel langage chacun de vos enfants comprend le mieux l'amour que vous lui témoignez, et pratiquez-le. En attendant d'avoir découvert le langage spécifique de tous vos enfants, exprimez-leur votre amour dans les cinq.

- ❑ *Les paroles valorisantes.* Dans l'éducation de nos enfants, nous avons tendance à ne voir que leurs manquements. Or, les reproches incessants peuvent entraîner de graves séquelles dans leur vie d'adultes. Prenez la résolution dès maintenant de féliciter votre enfant quand il agira bien. Un ou deux compliments par jour est un objectif raisonnable.
- ❑ *Les moments de qualité.* Mettez-vous au niveau de votre enfant. Découvrez ce qui l'intéresse particulièrement et partagez son enthousiasme. Soyez vraiment présent d'esprit et de cœur quand vous êtes à ses côtés, accordez-lui une attention sans partage. Trouvez tous les jours du temps à consacrer à vos enfants, peut-être simplement quelques minutes, mais des minutes de

qualité qui compteront pour eux. Faites-en une priorité.

- *Les cadeaux*. Inutile de multiplier les cadeaux ; ils risquent de perdre tout leur intérêt pour l'enfant et de lui inculquer une fausse échelle de valeurs. Mais offerts de temps en temps et à bon escient, des cadeaux bien choisis peuvent contribuer à la satisfaction des besoins affectifs de l'enfant. La prochaine fois que vous lui ferez cadeau d'un objet acheté ou confectionné, adressez-lui en même temps des paroles valorisantes. Sachez que vous pouvez également témoigner votre amour en refusant de donner à l'enfant l'objet qu'il souhaite, parce que vous le jugez inutile, mauvais, voire dangereux. « C'est parce que je t'aime que je ne veux pas t'acheter de serpent à sonnettes comme animal domestique. »
- *Les services rendus*. Bien que vous passiez une grande partie de votre temps au service de vos enfants, la prochaine fois que vous ferez pour eux quelque chose qui leur plaît particulièrement, dites-leur que vous le faites parce que vous les aimez. Choisissez un service qui ne vous enchante pas spécialement mais qui revêt beaucoup d'importance pour eux. Perfectionnez-vous dans ce domaine pour devenir un parent plus proche des centres d'intérêt de ses enfants.
- *Le contact physique*. Les caresses, les bisous et les formes appropriées du toucher ont beaucoup d'impact sur le niveau du réservoir émotionnel

de l'enfant. Il faut évidemment tenir compte de l'âge, du tempérament, du langage d'amour, etc., de chaque enfant, et toucher chacun de façon personnelle. Lorsque l'enfant grandira, vous devrez faire preuve d'une plus grande sagesse et de plus de clairvoyance, mais ne perdez pas l'habitude de le toucher pour lui faire sentir votre affection.

- ❑ Quand vous aurez découvert le langage d'amour le plus explicite de votre enfant, parlez-le avec lui. Mais ne négligez pas les quatre autres formes de communication de l'amour. Elles prendront même plus de signification pour lui une fois que vous exprimerez votre amour dans sa langue de prédilection.

Pour une discussion approfondie en groupe

Jugez-vous important d'expliquer à vos enfants le concept des langages de l'amour ? Néanmoins, vous ne pourrez donner cette information à votre enfant que lorsqu'il aura atteint une certaine maturité, laquelle dépendra en grande partie de l'âge. Encouragez vos enfants à vous dire ce qu'ils considèrent comme leur langage d'amour préféré ; en retour, dites-leur le vôtre. Indiquez également celui de votre conjoint. Comment cette information se donne-t-elle dans les différentes cultures et dans les différents contextes familiaux ?

Table des matières